『말틴 루터의 소교리문답서』와 해설

신학박사 지 원 용 옮김

컨콜디아사

A Short Explanation of
DR. MARTIN LUTHER'S

Small Catechism

TRANS. BY
Rev. Won-Yong Ji, Th.D.

CONCORDIA PRESS
Seoul, Korea

역자 서문

　종교 개혁자 말틴 루터 박사는 주후 1483년 11월 10일 독일의 아이슬레벤이라는 곳에서 출생하여 역시 같은 곳에서 1546년 2월 18일에 세상을 떠났다. 62년간의 분망한 생애 동안 그는 하나님의 나라를 위하여 많은 위대한 일을 행할 특권을 받았다. 그는 성서를 평범한 독일어로 번역하였으며 하나님의 말씀의 근본 진리에 따르는 자녀들의 교육을 위하여 1529년 매우 적절한 소교리문답서를 준비하였고 어른들을 위해서 대교리문답서도 준비하였다. 육신으로는 비록 죽었으나 그의 많은 저서들과 가르침을 통하여 개혁자는 아직도 죽지 않고 살아서 주의 일을 선포하고 있다.
　이 역서는 1952년 여름 미국 미네소타 주 세인트 폴 시에 있는 제호바 루터란 교회와 그 교회 담임목사인 E. R. 드루스 목사의 적극적인 협력으로 된 것을 재검토하고 교정하여 내놓은 것이다. 그러므로 상기(上記)한 교회와 드루스 목사님께 감사를 드리는 바이다.
　오고 오는 앞날, 개혁자의 많은 서적과 논문들이 본 교리문답서와 더불어 더 정밀하고 정확하고 우수하게 번역되어 나오기를 바란다. 서투른 솜씨로 제한된 시간 내에 내놓은 미숙한 역서에 대하여 독자 제현의 친절한 조언과 충고를 고맙게 받으려고 한다.

본 책자가 개혁자 루터와 그의 가르침을 인식하는 데 조금이라도 도움이 되기를 바라며, 독자 제위의 참고가 되기 위하여 소교리문답서에 붙인 장문으로 된 루터의 유명한 "서문(序文)"〈1529년〉을 본서 마지막에 붙인다.

원고 정리를 위하여 협력한 한국 루터교 선교부 직원들에게 감사드린다.

(이 책의 번역 원문으로는 다음 서적을 사용하였다. *Luther's small catechism*, Concordia Publishing House, Saint Louis, Missouri, 1943. 동시에 독일어판도 참조되었다. 루터가 쓴 원문은 바이말 총서〈Weimar Ausgabe〉제 30의 1권 239-425면에 있다.)

1960년 3월

지 원 용

차 례

역자 서문 ··· 3
제1부 말틴루터의 소 교리문답서 ···················· 9
　제1장 중요한 여섯 항목 ······························ 11
　　1. 십계명 ··· 11
　　2. 사도 신조 ·· 15
　　3. 주기도문 ··· 18
　　4. 세례의 성례 ·· 23
　　5. 천국 열쇠의 직무와 죄의 고백 ··········· 26
　　6. 성단의 성례 ·· 28
　제2장 기도의 예문(例文) ····························· 30
　　가장이 그의 가족들에게 가르쳐야 할 아침 기도와
　　저녁 기도 ··· 30

　　　　가장이 그의 가족들에게 가르쳐야 할 식사 기도와
　　　　　식후 감사 기도 ·· 32
　　제3장 의무표 ··· 34
　　제4장 기독신자 문답집 ·· 40
제2부 말틴 루터의 소 교리문답서 해설 ··· 47
　　서언 ··· 49
　　　　1. 십계명 ··· 54
　　　　2. 사도 신조 ··· 97
　　　　3. 주기도문 ···153
　　　　4. 세례의 성례 ···176
　　　　5. 천국 열쇠의 직무와 죄의 고백 ····································186
　　　　6. 성단의 성례 ···197

　　부 록 ···211
　　　　1. 성서의 구분 ··213
　　　　2. 신조와 신앙고백서 ··215
　　　　3. 세계적인 공동신조 본문 ··217
　　　　4. 교회력법 ··222
　　　　5. 십계명 구분에 대하여 ··224
　　　　6. "음부에 내리신지" ···227
　　　　7. 말틴 루터의 서문 ··232

제 1 부

말틴 루터의
소 교리문답서(小 敎理問答書)

제 1 장
중요한 여섯 항목

1. 십 계 명

가장이 그 가족들에게 쉽게 가르칠 수 있도록
하기 위하여 기록한 것이다.

첫째 계명(하나님에 관한 것)
"나 외에는 다른 신들을 네게 있게 하지 말라"(출 20:3).

문/ 이것은 무슨 뜻입니까?
답/ 모든 것 이상으로 하나님을 두려워하고 사랑하며 신뢰하라는 뜻입니다.

둘째 계명(하나님의 이름에 관한 것)
"주 너의 하나님의 이름을 망령되이 부르지 말라"(출 20:7).

문/ 이것은 무슨 뜻입니까?
답/ 하나님을 두려워하고 사랑하여 그의 이름으로 저주나 맹세나 요술이나 거짓말이나 기만하지 말며, 도리어 어려울 때에 그의 이름을 부르며, 또한 기도와 찬미와 감사로써 그를 숭배하라는 뜻입니다.

셋째 계명(하나님의 말씀에 관한 것)
"안식일을 기억하여 거룩하게 지키라"(출 20:8).

문/ 이것은 무슨 뜻입니까?
답/ 하나님을 두려워하고 사랑하여 그의 말씀과 이를 전하는 것을 멸시하지 말며, 그 말씀을 거룩하게 받들며, 즐거운 마음으로 듣고 배우라는 뜻입니다.

넷째 계명(하나님께서 임명하신 윗사람들에 관한 것)
"네 부모를 공경하라 그리하면 내가 준 땅에서 오래 살리라"(출 20:12).

문/ 이것은 무슨 뜻입니까?
답/ 하나님을 두려워하고 사랑하여 부모나 이웃을 업신여기거나 노하게 하지 말며, 존경하고 섬기며, 복종하고 존중하여 사랑하는 마음으로 대하라는 뜻입니다.

다섯째 계명(생명에 관한 것)
"살인하지 말라"(출 20:13).

문/ 이것은 무슨 뜻입니까?
답/ 하나님을 두려워하고 사랑하여 이웃을 상하게 하거나 해하지 말며, 필요할 때 그를 도와주며, 친절하게 대하라는 뜻입니다.

여섯째 계명(결혼에 관한 것)
"간음하지 말라"(출 20:14).

문/ 이것은 무슨 뜻입니까?
답/ 하나님을 두려워하고 사랑하여 말과 행실에 있어서 순결과 정절을 지키며, 남편과 아내는 서로 존경하고 사랑하라는 뜻입니다.

일곱째 계명(재산과 생활에 관한 것)
"도적질하지 말라"(출 20:15).

문/ 이것은 무슨 뜻입니까?
답/ 하나님을 두려워하고 사랑하여 이웃의 금전이나 물건을 훔치거나 그릇된 방법과 사기 수단으로 자기의 것을 만들지 말며, 이웃의 재산이나 사업을 발전하도록 돕고 보호하라는 뜻입니다.

여덟째 계명(명예에 관한 것)
"네 이웃에게 대하여 거짓 증거하지 말라"(출 20:16).

문/ 이것은 무슨 뜻입니까?
답/ 하나님을 두려워하고 사랑하여 이웃에게 거짓말하거나 배신하거나 비방하거나 욕하지 말고 변호하며, 좋은 말로 대하고 모든 것을 선의로 해석하라는 뜻입니다.

아홉째 계명(거룩한 마음에 관한 것)
"네 이웃의 집을 탐내지 말라"(출 20:17).

문/ 이것은 무슨 뜻입니까?
답/ 하나님을 두려워하고 사랑하여 이웃의 집이나 상속물을 탐내어 교활한 간책을 쓰며, 법률상 구실을 붙여서 자기의 것으로 만들지 말고 도리어 이웃의 안전과 그의 소유물을 보호하라는 뜻입니다.

열째 계명(거룩한 마음에 관한 것)

"네 이웃의 아내나 종이나 가축이나 그 밖에 이웃에게 속한 모든 것을 탐내지 말라"(출 20:17).

문/ 이것은 무슨 뜻입니까?
답/ 하나님을 두려워하고 사랑하여 이웃의 아내를 유혹하거나 그의 종을 강압하거나 또는 그의 가축을 해치지 말며, 저들로 하여금 주인에게 머물게 하여 각자의 책임을 다하게 하라는 뜻입니다.

십계명의 마감 말(경고와 언약에 관한 것)

문/ 이상 십계명을 통하여 하나님께서 무엇을 말씀하셨습니까?
답/ 하나님께서 말씀하시기를 "나 주 너의 하나님은 질투하는 하나님인 까닭에 나를 미워하는 자의 죄를 갚되 아비로부터 아들에게로 삼 사대까지 이르게 하며, 나를 사랑하고 내 계명을 지키는 자에게는 수천대까지 은혜를 베풀 것이라."

문/ 이것은 무슨 뜻입니까?
답/ 계명을 범하는 자를 하나님께서 벌하시므로 그의 분노를 두려워하고 계명을 범하지 말 것이며, 또한 이 계명을 지키는 모든 사람에게는 많은 복과 은혜를 베푸신다는 하나님의 약속입니다. 그러므로 하나님을 사랑하며, 신뢰하고 기쁜 마음으로 그의 계명을 따라 행하라는 뜻입니다

2. 사도 신조
가장이 그의 가족을 쉽게 가르치기 위하여 기록한 것이다.

제1조 창조에 관하여
"전능하사 천지를 만드신 하나님 아버지를 내가 믿사오며"

문/ 이것은 무슨 뜻입니까?
답/ 하나님께서 나와 또 다른 모든 창조물을 만드신 것을 나는 믿습니다. 또 하나님께서는 나에게 육신과 영혼, 눈, 귀 기타 모든 신체의 부분과 이성(理性)과 감각을 주셨고 항상 이 모든 것을 보호하시며, 동시에 의복과 신을 것과 음식과 집과 가정과 처자와 전토와 가축과 그밖의 모든 물건을 주시며, 몸과 영에 필요한 것을 시시로 풍족하게 주십니다. 위험한 자리에서 나를 지키시고, 불행 중에서 보호하시며 건지십니다. 비록 나에게는 아무 받을 만한 가치나 공(功)이 없으되 아버지 하나님께서는 그의 긍휼하심과 은총으로 이 모든 것을 베풀어 주십니다. 그러므로 무슨 일을 하든지 감사와 찬양과 봉사와 복종으로 그에게 대함이 나의 당연한 의무임을 나는 믿습니다. 이것은 진실로 진리입니다.

제2조 속죄에 관하여

"그의 외아들 우리 주 예수 그리스도를 믿사오니 이는 성령으로 잉태하사 동정녀 마리아에게 나시고 본디오 빌라도에게 고난을 받으사 십자가에 못 박혀 죽으시고 장사하여 음부에 내리신지 삼 일만에 죽은 자 가운데서 다시 살아나시며, 하늘에 오르사 전능하신 하나님 아버지 우편에 앉아 계시다가 저리로부터 산 자와 죽은 자를 심판하러 오시리라."

문/ 이것은 무슨 뜻입니까?

답/ 참 신이시며, 영원한 하늘 아버지의 독생자이시며, 참 인간으로 동정녀 마리아에게서 나신 내 주 예수 그리스도를 나는 믿습니다. 예수 그리스도는 나와 모든 잃은 자와 심판 받을 창생들을 속죄하셨으며, 죄와 사망과 마귀의 권세 가운데서 나를 사서 건져 주셨으니 이는 금이나 은으로 산 것이 아니라 그의 거룩하고 귀한 보혈과 무죄한 고난과 죽음으로 하셨습니다. 그러므로 나는 그의 것이요, 그의 나라에서 그를 위하여 살며, 그가 죽음에서 다시 살아나셔서 영원히 통치하심과 같이 나도 영원한 의와 순결과 축복 중에서 그를 섬깁니다. 이것은 진실로 진리입니다.

제3조 성화(聖化)에 관하여

"성령을 믿사오며, 거룩한 그리스도의 교회와 성도가 서로 사귀는 것과 죄를 사하여 주시는 것과 몸이 다시 사는 것과 영원히 사는 것을 믿사옵나이다. 아멘."

문/ 이것은 무슨 뜻입니까?
답/ 내 자신의 이성(理性)이나 힘으로써는 주 예수 그리스도를 내 구주로 믿을 수 없으며, 또한 그에게로 올 수 없는 것을 믿습니다. 그러나 성령께서 복음을 통하여 나를 부르셨고 그의 은총으로써 깨닫게 하였으며, 거룩하게 하여 참 신앙 중에 나를 지키심을 믿습니다. 하나님께서 세상의 모든 교회를 불러 모으시고 깨닫게 하시고 성화시키시고 유일한 신앙 중에 예수 그리스도와 더불어 거하게 하심을 나는 믿습니다. 하나님께서는 교회에 있어서 매일 매일 나와 그리스도를 믿는 모든 자의 죄를 완전히 사하여 주시며, 마지막 날에 다른 신자들과 같이 나를 죽은 자 가운데서 다시 살리사 영원한 생명으로 인도하실 것을 믿습니다. 이것은 진실로 진리입니다.

3. 주기도문

가장이 그의 가족을 쉽게 가르치기 위하여 기록한 것이다.

서언(緖言)
"하늘에 계신 우리 아버지"

문/ 이것은 무슨 뜻입니까?
답/ 이 말씀을 통하여 하나님께서 우리의 참 아버지 되심과 우리들이 참으로 그의 자녀가 되어, 어린 자녀가 그의 육신의 아버지에게 요구하는 것같이 즐거움과 신뢰하는 마음으로 하나님께 기도할 것을 우리에게 권하십니다.

첫째 기원
"이름을 거룩하게 하옵시며"

문/ 이것은 무슨 뜻입니까?
답/ 진실로 하나님의 이름은 거룩합니다. 우리는 이 기원 중에서 그의 이름이 우리 가운데서도 거룩케 됨을 기도합니다.

문/ 어떻게 그의 이름이 우리 가운데서 거룩하게 됩니까?

답/ 하나님의 말씀이 참되고 깨끗하게 전파될 때 그의 자녀된 우리는 이 말씀을 좇아 거룩한 생에 이르게 됩니다. 사랑하는 하늘 아버지여, 우리가 이런 생활을 하게 하여 주옵소서. 그러나 하나님의 말씀이 교훈하는 외의 것을 가르치며, 이를 좇아 사는 자는 하나님의 이름을 우리 가운데서 모독하는 자입니다. 하늘 아버지여, 이런 불결한 가운데서 우리를 지켜 주소서.

둘째 기원
"나라이 임하옵시며"

문/ 이것은 무슨 뜻입니까?

답/ 진실로 하늘나라는 우리의 기도 없이도 임합니다. 그러나 둘째 기원에 있어서 그의 나라가 우리 가운데 임하기를 간구하는 것입니다.

문/ 어떻게 그의 나라가 임하겠습니까?

답/ 하나님 아버지께서 우리에게 성령을 보내실 때에 임하는 것입니다. 이 하나님의 은총으로 거룩한 말씀을 믿게 되며 이 세상에서와 영원한 세계에서까지 경건한 신앙생활을 계속하게 되는 것입니다.

셋째 기원
"뜻이 하늘에서 이룬 것같이 땅에서도 이루어지이다."

문/ 이것은 무슨 뜻입니까?

답/ 하나님의 선하시고 자비하신 뜻은 우리의 기도가 없이도 이루어집니다. 그러나 이 기원 중에서 하나님의 뜻이 우리 가운데서도 반드시 이루어지기를 위하여 간구하는 것입니다.

문/ 어떻게 이것이 실현되겠습니까?
답/ 하나님께서는 그의 이름이 거룩하게 됨을 방해하며 그의 나라가 임하는 것을 막는 모든 불의(不義)의 장해물과 계획을 타파(打破)하십니다. 즉 마귀의 뜻과 육에 속한 모든 속세(俗世)의 것입니다. 그러나 그는 끝까지 충실하고 신앙 가운데 거하는 우리를 굳세게 하시며 보호하십니다. 이것이 곧 하나님의 자비하시고 선하신 뜻입니다.

넷째 기원
"오늘날 우리에게 일용할 양식을 주옵시고"

문/ 이것은 무슨 뜻입니까?
답/ 우리의 간구(懇求)가 없이도 하나님은 양식을 베풀어 주시며 심지어 악한 자에게 까지도 주시지만 우리가 이 기도를 통하여 매일의 양식이 하나님의 선물임을 깨닫고 감사한 마음으로 이것을 받게 되기를 기도하는 것입니다.

문/ 일용(日用)할 양식이란 무슨 뜻입니까?
답/ 육신 생활에 필요한 모든 것인데, 즉 음식과 의복과 가옥과 가정, 전답, 가축, 금전, 기타 여러 물건들과 경건한 배우자(配偶者), 자녀들, 일꾼들, 또한 경건하고 신실(信實)한 지도자, 훌륭한 정부, 적당한 기후, 평화, 건강, 질서, 명예, 선한 친구, 믿을 만한 이웃 등을 말하는 것입니다.

다섯째 기원
"우리가 우리에게 죄 지은 자를 사하여 준 것같이 우리 죄를 사하여 주옵시고"

문/ 이것은 무슨 뜻입니까?
답/ 하나님 아버지께서 우리의 죄를 기억치 않으시고 또한 죄 때문에 우리의 기도가 거절당하지 않도록 간구하는 것입니다. 우리는 자신이 구하는 것을 얻기 위한 기도를 드리기에도 합당치 못하며 다만 우리의 죄로 말미암아 형벌밖에는 받을 것이 없습니다. 그러므로 너그러우신 하나님께서 은총으로써 모든 것을 이루어 주실 것을 간구하는 것입니다. 이와 같이 우리도 우리에게 죄 지은 자를 진심으로 용서하고 선행(善行)으로 갚도록 할 것입니다.

여섯째 기원
"우리를 시험에 들게 하지 마옵시고"

문/ 이것은 무슨 뜻입니까?
답/ 진실로 하나님께서는 누구든지 시험하지 않으십니다. 그러나 그가 우리들을 지키시고 아끼시사 모든 악이나 육에 속한 어떤 것이 우리를 속이거나 불신(不信)과 절망에 이르게 하거나 그밖에 어떤 부끄러운 자리로 유혹(誘惑)하지 못하도록 하기 위하여 기도할 것입니다. 비록 우리가 이 모든 불의로부터 침해(侵害)를 받는다 할지라도 마지막 승리는 우리에게 돌아오도록 간구하는 것입니다.

일곱째 기원
"다만 악에서 구하옵소서."

문/ 이것은 무슨 뜻입니까?
답/ 이 기도 조목(條目)은 결론적인 것입니다. 하나님께서 우리를 모든 영육간의 불의나 탐욕, 허영심에서 구하여 내시사 우리의 생명이 다하는 순간에 평화에 싸인 임종시간을 주시어 슬픔많은 이 세상에서 그의 영원한 나라로 인도하여 주시기를 간구하는 것입니다.

송영(頌榮)
"대개 나라와 권세와 영광이 아버지께 영원히 있사옵나이다. 아멘."

문/ "아멘"이란 무슨 뜻입니까?
답/ 우리가 드린 모든 간구가 하나님 앞에 받을 만하며 그에게 반드시 상달된 것을 믿습니다. 하나님 자신이 이같이 기도할 것을 명(命)하셨고 또한 들으실 것을 약속하신 까닭입니다.
아멘, 아멘, 즉 진실로 진실로 그와 같이 될지어다.

4. 세례의 성례

가장이 그의 가족을 쉽게 가르치기 위하여 기록한 것이다.

1) 세례의 본성(本性)

문/ 세례란 무엇입니까?
답/ 세례는 단순히 물(水)만을 말함은 아니며 하나님의 명령과 그의 말씀에 연관된 물의 성례(聖禮)입니다.

문/ 어느 것이 하나님의 말씀입니까?
답/ 우리 주 예수 그리스도께서 마태복음 28장 19절에 "너희는 가서 모든 족속으로 제자를 삼아 아버지와 아들과 성령의 이름으로 세례를 주라"고 하셨습니다.

2) 세례의 축복

문/ 세례는 우리에게 무슨 유익을 줍니까?
답/ 죄를 사하며 죽음과 마귀로부터 벗어나게 하며 이것(세례)을 믿는 모든 자에게 영원한 구원을 주는데 이것은 하나님의 말씀과 언약이 증거합니다.

문/ 하나님의 말씀과 언약이란 어떤 것입니까?
답/ 우리 주 예수 그리스도께서 마가복음 16장 16절에 "믿고 세례를 받는 사람은 구원을 얻을 것이요 믿지 않는 사람은 정죄를 받으리라"고 하셨습니다.

3) 세례의 힘

문/ 물이 어떻게 이같은 큰 일을 합니까?
답/ 이렇게 큰 일을 하는 것은 물이 아니라 이에 연결되어 있는 하나님의 말씀과 또한 이 말씀에 대한 우리들의 신앙입니다.
하나님의 말씀과 같이하지 않는 물은 단순한 물일 뿐 세례는 아닙니다. 하나님의 말씀과 같이함으로 비로소 세례가 되는데 성령으로 말미암아 거듭나게 되고 깨끗케 되는 생명의 물입니다. 이것은 디도서 3장 5-7절 가운데서 사도 바울이 말씀하신 것과 같습니다. 곧 "우리를 구원하시되 우리의 행한바 의로운 행위로 말미암지 아니하고 오직 그의 긍휼하심을 좇아 중생의 씻음과 성령의 새롭게 하심으로 하셨나니 성령을 우리 구주 예수 그리스도로 말미암아 우리에게 풍성히 부어 주사 우리로 저의 은혜를 힘입어 의롭다 하심을 얻어 영생의 소망을 따라 후사가 되게 하려 하심이라."
이것은 확실한 말씀입니다.

4) 물 세례의 취지(趣旨)

문/ 물로 세례를 베푸는 것은 무슨 뜻입니까?

답/ 우리 가운데 있는 옛 아담은 모든 죄와 사욕과 더불어 매일의 슬픔과 참회 가운데 죽어지는 한편 하나님 앞에서 의롭게 깨끗하게 영원히 살 새 사람은 거듭나게 되는 것입니다.

문/ 어디에 이런 말씀이 기록되어 있습니까?

답/ 사도 바울이 로마서 6장 4절에 "그러므로 우리가 그의 죽으심과 합하여 세례를 받음으로 그와 함께 장사되었나니 이는 아버지의 영광으로 말미암아 그리스도를 죽은 자 가운데서 살리심과 같이 우리로 또한 새 생명 가운데서 행하게 하려 함이니라"고 하셨습니다.

5. 천국 열쇠의 직무와 죄의 고백

가장이 그의 가족을 쉽게 가르치기 위하여 기록한 것이다.

문/ 천국 열쇠의 직무란 무엇입니까?
답/ 이것은 그리스도께서 세상에 있는 자기 교회에 주신 특별한 권위(權威)인데 회개하는 죄인의 죄를 사하며 회개치 않는 자의 죄는 그가 회개치 않는 한 이를 그대로 보류한다는 것입니다.

문/ 어디에 이런 말씀이 기록되어 있습니까?
답/ 사도 요한이 요한복음 20장 22-23절에 "(예수께서) 저희를 향하사 숨을 내쉬며 가라사대 성령을 받으라, 너희가 뉘 죄든지 사하면 사하여질 것이요, 뉘 죄든지 그대로 두면 그대로 있으리라"고 하셨습니다.

문/ 이 말씀에 의하여 당신은 무엇을 믿습니까?
답/ 예수 그리스도 자신이 우리에게 행하심같이 그리스도의 종된 목사가 하나님의 명(命)하심에 준하여 밝혀진 죄를 회개(悔改)치 않는 죄인을 교회로부터 제외하며 죄를 회개하고 새롭게 되기를 원하는 자를 사면(赦免)하여 주는 것이 확실하고 불변(不變)의 진리인 것을 나는 믿습니다.

문/ 고백(告白)이란 무엇입니까?
답/ 고백에는 두 가지 부분이 포함되어 있습니다. 첫째는 우리 죄를 고백함이요, 둘째는 하나님의 일을 맡아 보는 목사로부터 사죄(赦罪) 혹은 사면을 받는 것인데 하늘에 계신 하나님으로부터 직접 사함을 받는 것같이 의심없이 믿는 것입니다.

문/ 어떤 죄를 고백할 것입니까?
답/ 주기도문 중에서 우리가 드리는 기도와 같이, 알지 못하는 죄까지도 합하여 모든 죄를 하나님 앞에 고백할 것입니다. 그러나 목사 앞에서는 우리가 알 수 있고 마음에 느끼는 죄만을 고백할 것입니다.

문/ 어떤 것이 이러한 죄입니까?
답/ 십계명에 의하여 자신의 입장을 살필 것인데 아버지든, 어머니든 아들이든 딸이든 주인이든 종이든 간에 하나님께 불복종(不服從)하였거나 불신실(不信實)하였거나 또는 태만하였거나 말과 행실로써 어떤 사람을 슬프게 하였거나 남의 것을 훔쳤거나 등한시했거나 어떤 잘못을 저질렀거나 혹은 다른 사람을 상하게 하지 않았는가를 살필 것입니다.

6. 성단의 성례

가장이 그의 가족을 쉽게 가르치기 위하여 기록한 것이다.

문/ 성단의 성례란 무엇입니까?
답/ 성찬식에서 받는 잔과 떡은 우리 주 예수 그리스도의 참 피와 살인데 그리스도 자신께서 우리로 하여금 행하도록 세워 주신 성례입니다.

문/ 어디에 이런 사실이 기록되어 있습니까?
답/ 거룩한 복음서기자 마태, 마가, 누가와 사도 바울께서 쓰기를, "주 예수께서 잡히시던 날 밤에 떡을 가지사 축사하시고 떼어 가라사대, '이것은 너희를 위하는 내 몸이니 이것을 행하여 나를 기념하라' 하시고 식후에 또한 이와 같이 잔을 가지시고 가라사대 '이 잔은 내 피로 세운 새 언약이니 이것을 행하여 마실 때마다 나를 기념하라'고 하셨습니다."

문/ 이와 같이 먹고 마시는 데 무슨 유익이 있습니까?
답/ 이하에 기록한 말씀에 "너희 죄 사함을 위하여 그의 몸을 주시고 피를 흘리셨느니라." 즉 속죄의 성례이니 이 말씀을 통하여 생명과 구원을 우리에게 주셨습니다. 속죄가 있는 곳에 생명과 구원이 있는 것입니다.

문/ 어떻게 육체를 통하여 먹고 마시는 것이 이같이 큰 일을 할 수 있습니까?
답/ 이 성례의 주지(主旨)는 육체를 통하여 먹고 마심이 아니라 우리에게 주신 하나님의 귀한 말씀입니다.
"속죄를 위하여 그의 몸을 주시고 피를 흘리셨느니라." 이 말씀을 믿는 사람은 이 언약 중에 쓰여진 속죄를 얻을 수 있습니다.

문/ 그러면 누가 이 성례를 받기에 합당합니까?
답/ 몸과 마음으로 경건히 준비하는 것도 가(可)하나 이 말씀, 즉 "너희 죄 사함을 위하여 그의 몸을 주시고 피를 흘리셨느니라"를 믿는 사람이 합당하며 잘 준비한 자입니다. 이 말씀을 믿지 않거나 의심하는 사람은 성례를 받기에 합당치 않습니다. "너희를 위하여"란 말은 모든 사람들이 믿을 것을 명(命)하고 있기 때문입니다.

제 2 장
기도의 예문(例文)

1. 가장이 그의 가족들에게 가르쳐야 할 아침 기도와 저녁 기도

아침 기도

아침에 일어날 때 십자가를 그리며 말하기를,
"성부와 성자와 성령의 이름으로, 아멘."

다음은 무릎을 꿇거나 서서 사도 신조와 주기도문을 읽거나 암송하라. 만일 원한다면 다음과 같이 기도하라.

"하늘에 계신 아버지, 지난 밤 동안 평안히 보호하여 주심을 당신의 아들 예수 그리스도의 이름으로 감사드립니다. 기도하옵기는 오늘 하루도 모든 죄와 잘못된 자리에서 저를 지켜 주시며 무슨 일을 하든지 당신을 기쁘시게 하도록 하옵소서. 내 몸과 영과 기타 모든 것을 당신의 손에 맡기오니 당신의 거룩한 천사가 저와 더불어 같이하사 악한 원수가 침범치 못하게 하여 주옵소서. 아멘."

이 기도 후에는 찬송을 부르거나 십계명을 읽거나 혹은 무엇이든 신앙의 지시함에 따라 행한 다음 즐거운 마음으로 각각 맡은 직장으로 향하라.

저녁 기도

저녁 잠자리에 들 때 십자가를 그리며 말하기를,
"성부와 성자와 성령의 이름으로, 아멘."

다음은 무릎을 꿇거나 서서 사도 신조와 주기도문을 읽거나 암송하라. 만일 원한다면 다음과 같이 기도하라.

"하늘에 계신 아버지, 오늘 하루 동안 당신의 은총 속에 보호하여 주신 것을 당신의 아들 예수 그리스도의 이름으로 감사드리옵니다. 기도하옵기는 오늘 내가 범한 모든 죄를 용서하여 주시고 은총 중에 이 밤도 안보(安保)하여 주옵소서. 내 몸과 영과 기타 모든 것을 당신의 손에 맡기오니, 당신의 거룩한 천사가 나와 더불어 같이 하사 악한 원수가 저를 침노치 못하게 하여 주옵소서. 아멘."

다음은 상쾌한 마음으로 잠자리에 들어가라.

2. 가장이 그의 가족들에게 가르쳐야 할
식사 기도와 식후 감사 기도

식사 기도

전 가족은 경건한 마음으로 상(床)에 대하여 손을 모으고 기도 드리기를,

"중생의 눈이 주를 앙망하오니 주는 때를 따라 저희에게 식물을 주시며 손을 펴사 모든 생물의 소원을 만족케 하시나이다"(시 145:15-16).

다음은 주기도문을 읽거나 또는 다음과 같이 기도하라.

"하늘에 계신 아버지 하나님, 저희들이 당신의 풍성하신 인애로써 받은 선물을 축복하여 주시기를 우리 주 예수 그리스도의 이름으로 비옵나이다. 아멘."

식후 감사 기도

식사를 마친 뒤에도 역시 손을 모으고 경건한 마음으로 기도하기를,

"여호와께 감사하라. 저는 선하시며 그 인자하심이 영원함이로다"(시 118:1).

"주님께서는 들짐승과 우는 까마귀 새끼에게 먹을 것을 주시는도다. 여호와는 말의 힘을 즐거워 아니하시며 사람의 다리도 기뻐 아니하시고 자기를 경외하는 자와 그 인자하심을 바라는 자들을 기뻐하시는도다"(시 147:9-11).

다음은 주기도문을 읽거나, 또는 이렇게 기도하라.

"하늘에 계신 우리 주 하나님, 우리가 받은 모든 은혜를 우리 주님 예수 그리스도의 이름으로 감사드리나이다. 주는 당신과 같이 세세 무궁토록 사시며 통치하시나이다. 아멘."

제 3 장
의무표(義務表)

여러 가지 종류의 교직과 지위에 따라 지킬 본분에 관하여
성서 가운데서 택한 성구들.

감독과 목사와 전도사의 의무

"그러므로 감독은 책망할 것이 없으며 한 아내의 남편이 되며 절제하며 근신하며 아담하며 나그네를 대접하며 가르치기를 잘하며 술을 즐기지 아니하며 구타하지 아니하며 오직 관용하며 다투지 아니하며 돈을 사랑치 아니하며 자기 집을 잘 다스려 자녀들로 모든 단정함으로 복종케 하는 자라야 할지며(사람이 자기 집을 다스릴줄 알지 못하면 어찌 하나님의 교회를 돌아 보리요) 새로 입교한 자도 말지니 교만하여져서 마귀를 정죄하는 그 정죄에 빠질까 함이요"(딤전 3:2-6).

"미쁜 말씀의 가르침을 그대로 지켜야 하리니 이는 능히 바른 교훈으로 권면하고 거스려 말하는 자들을 책망하게 하려 함이라"(딤 1:9).

목사에 대한 신자의 의무

"그 집에 유하며 주는 것을 먹고 마시라. 일꾼이 그 삯을 얻는 것이 마땅하니라"(눅 10:7).

"이와 같이 주께서도 복음 전하는 자들이 복음으로 말미암아 살리라 명하셨느니라"(고전 9:14).

"가르침을 받는 자는 말씀을 가르치는 자와 모든 좋은 것을 함께 하라"(갈 6:6).

"잘 다스리는 장로들을 배나 존경할 자로 알되 말씀과 가르침에 수고하는 이들을 더할 것이니라. 성경에 일렀으되 곡식을 밟아 떠는 소의 입에 망을 씌우지 말라 하였고 또 일꾼이 그 삯을 받는 것이 마땅하다 하였느니라"(딤전 5:17-18).

"너희를 인도하는 자들에게 순종하고 복종하라. 저희는 너희 영혼을 위하여 경성하기를 자기가 회계할 자인 것같이 하느니라. 저희로 하여금 즐거움으로 이것을 하게 하고 근심으로 하게 말라. 그렇지 않으면 너희에게 유익이 없느니라"(히 13:17).

집권자의 의무

"각 사람은 위에 있는 권세들에게 굴복(혹은 복종)하라. 권세는 하나님께로 나지 않음이 없나니 모든 권세는 다 하나님의 정하신 바라. 그러므로 권세를 거스리는 자는 하나님의 명을 거스림이니 거스리는 자들은 심판을 자취하리라. 관원들은 선한 일에 대하여 두려움이 되지 않고 악한 일에 대하여 되나니 네가 권세를 두려워하지 아니하려느냐? 선을 행하라. 그리하면 그에게 칭찬을 받으리라. 그는 하나님의 사자가 되어 네게 선을 이루는 자니라. 그러나 네가 악을 행하거든 두려워하라. 그가 공연히 칼을 가지지 아니하였으니 곧 하나님은 사자가 되어 악을 행하는 자에게 진노하심을 위하여 보응하는 자니라"(롬 13:1-4).

백성의 의무

"가이사의 것은 가이사에게 하나님의 것은 하나님께 바치라"(마 22:21).

"그러므로 굴복하지 아니할 수 없으니 노를 인하여만 할 것이 아니요, 또한 양심을 인하여 할 것이라. 너희가 공세를 바치는 것도 이를 인함이라. 저희가 하나님의 일꾼이 되어 바로 이 일에 항상 힘쓰느니라. 모든 자에게 줄 것을 주되 공세를 받을 자에게 공세를 바치고 국세 받을 자에게 국세를 바치고 두려워할 자를 두려워하며 존경할 자를 존경하라(롬 13:5-7).

"그러므로 내가 첫째로 권하노니 모든 사람을 위하여 간구와 기도와 도고와 감사를 하되 임금들과 높은 지위에 있는 모든 사람을 위하여 하라. 이는 우리가 모든 경건과 단정한 중에 고요하고 평안한 생활을 하려 함이니라. 이것이 우리 구주 하나님 앞에 선하고 받으실 만한 것이니"(딤전 2:1-3).

"너는 저희로 하여금 정사(政事)와 권세 잡은 자들에게 복종하며 순종하며 모든 선한 일 행하기를 예비하게 하며"(딛 3:1).

"인간에 세운 모든 제도를 주를 위하여 순복하되 혹은 위에 있는 왕이나 혹은 악행하는 자를 징벌하고 선행하는 자를 포장하기 위하여 그의 보낸 방백에게 하라"(벧전 2:13-14).

남편의 의무

"남편된 자들아, 이와 같이 지식을 따라 너희 아내와 동거하고 저는 더 연약한 그릇이요, 또 생명의 은혜를 유업으로 함께 받을 자로 알아 귀히 여기라. 이는 너희 기도가 막히지 아니하게 하려 함이라"(벧전 3:7).

"남편들아, 아내를 사랑하며 괴롭게 하지 말라"(골 3:19).

아내의 의무

"아내들이여, 자기 남편에게 복종하기를 주께 하듯 하라"(엡 5:22).

"사라가 아브라함을 주라 칭하여 복종한 것같이 너희가 선을 행하고 아무 두려운 일에도 놀라지 아니함으로 그의 딸이 되었느니라"(벧전 3:6).

부모의 의무

"또 아비들아, 너희 자녀를 노엽게 하지 말고 오직 주의 교양과 훈계로 양육하라"(엡 6:4).

자녀의 의무

"자녀들아, 너희 부모를 주 안에서 순종하라. 이것이 옳으니라. 네 아버지와 어머니를 공경하라. 이것이 약속 있는 첫 계명이니 이는 네가 잘되고 땅에서 장수하리라"(엡 6:1-3).

종들과 노동자의 의무

"종들아, 두려워하고 떨며 성실한 마음으로 육체의 상전에게 순종하기를 그리스도께 하듯 하여 눈가림만 하여 사람을 기쁘게 하는 자처럼 하지 말고 그리스도의 종들처럼 마음으로 하나님의 뜻을 행하여 단 마음으로 섬기기를 주께 하듯 하고 사람들에게 하듯 하지 말라. 이는 각 사람이 무슨 선을 행하든지 종이나 자유하는 자나 주에게 그대로 받을 줄을 앎이니라"(엡 6:5-8).

주인의 의무

"상전들아, 너희도 저희에게 이와 같이 하고 공갈을 그치라. 이는 저희와 너희의 상전이 하늘에 계시고 그에게는 외모로 사람을 취하는 일이 없는 줄 너희가 앎이니라"(엡 6:9).

청년들의 의무

"젊은 자들아, 이와 같이 장로들에게 순복하고 다 서로 겸손으로 허리를 동이라. 하나님이 교만한 자를 대적하시되 겸손한 자들에게는 은혜를 주시느니라. 그러므로 하나님의 능하신 손 아래서 겸손하라. 때가 되면 너희를 높이시리라"(벧전 5:5-6).

과부들의 의무

"참 과부로서 외로운 자는 하나님께 소망을 두어 주야로 항상 간구와 기도를 하거니와 일락(逸樂)을 좋아하는 이는 살았으나 죽었느니라"(딤전 5:5-6).

일반 신자의 의무

"간음하지 말라, 살인하지 말라, 도적질하지 말라, 탐내지 말라 한 것과 그 외에 다른 계명이 있을지라도 네 이웃을 네 자신과 같이 사랑하라 하신 그 말씀 가운데 다 들었느니라"(롬 13:9).

"그러므로 내가 첫째로 권하노니 모든 사람을 위하여 간구와 기도와 도고와 감사를 하라"(딤전 2:1).

(각자 마음을 다하여 이 교훈을 배우라. 그러면 온 가족이 번영할 것이다.)

제 4 장
기독신자 문답집

성례에 참석코자 하는 이들을 위해
루터 박사께서 작성한 문답임.

회개하고 동시에 십계명과 사도 신조, 주기도, 세례와 성찬의 성례에 관한 가르침이 끝나면 아래와 같이 목사가 묻든지 혹은 각자가 자신에 대하여 묻든지 할 것이다.

1. 당신은 당신 자신이 죄인인 것을 믿습니까?
답/ 네, 저는 제가 죄인인 것을 믿습니다.

2. 어떻게 그것을 아십니까?
답/ 십계명을 통하여서 알며 동시에 이 계명을 지키지 못한 까닭입니다.

3. 당신이 지은 죄를 유감스럽게 생각하십니까?
답/ 네, 하나님을 거스려 죄를 짓게 된 것을 슬프게 생각합니다.

4. 죄로 인하여 무엇을 받게 되었습니까?

답/ 하나님의 노하심과 분개하심과 육체의 죽음과 영원한 형벌입니다(롬 6:21-23).

5. 당신은 구원 받기를 원하십니까?
답/ 네, 간절히 원합니다.

6. 당신은 누구를 신뢰하십니까?
답/ 내 주 예수 그리스도를 신뢰합니다.

7. 그리스도는 누구십니까?
답/ 참 신이시며 참 인간이신 하나님의 아들이십니다.

8. 하나님은 몇 분이십니까?
답/ 유일무이하신 한 분의 신이십니다. 삼위가 계신데, 즉 성부와 성자와 성령입니다.

9. 당신이 신뢰하는 그리스도께서는 당신을 위하여 무엇을 하셨습니까?
답/ 그는 나를 죄에서 구속하시기 위하여 십자가 위에서 피를 흘리시고 죽으셨습니다.

10. 성부께서도 당신을 위하여 죽으셨습니까?
답/ 아닙니다. 성부와 성령은 오직 신이시나 성자는 참 신이시며 참 사람이십니다. 그는 나를 위하여 피를 흘리셨고 죽으셨습니다.

11. 어떻게 이것을 아십니까?

답/ 거룩한 복음과 성례의 말씀과 또한 성례 가운데 서약으로써 내게 주신 그리스도의 몸과 피로써 압니다.

12. 성례전의 말씀에 무엇이라고 하셨습니까?
답/ "주 예수께서 잡히시던 밤에 떡을 가지사 축사하시고 떼어 가라사대 이것은 너희를 위하는 내 몸이니 이것을 행하여 나를 기념하라 하시고 식후에 또한 이와 같이 잔을 가지시고 가라사대 이 잔은 내 피로 세운 새 언약이니 이것을 행하여 마실 때마다 나를 기념하라 하셨으니"(고전 11:23-25).

13. 그러면 당신은 그 성례 가운데 그리스도의 몸과 피가 존재함을 믿습니까?
답/ 네, 믿습니다.

14. 이렇게 믿기 위하여 무엇이 당신을 권유합니까?
답/ 그리스도의 말씀이 권유합니다. "받아 먹으라, 이것이 내 몸이니…너희가 다 이것을 마셔라, 이는 내 피니…"

15. 그리스도의 언약에 따라 그의 몸을 먹고 피를 마실 때마다 우리는 무엇을 할 것입니까?
답/ 그가 가르치신 대로 우리는 그의 죽으심과 흘리신 피를 기념하며 선포할 것입니다. "이것을 행하여 마실 때마다 나를 기념하라."

16. 왜 우리는 그의 죽으심을 기념하며 선포합니까?
답/ 참 신이시며 참 사람이신 그리스도 외에는 어떤 창조물이든지 우리를 죄에서 속량할 수 없음을 믿고 두려운 마음으로 우리 죄를 대하고 이를 크게 생각하며 동시에 그리스도에게만 있는 기쁨과 위로를 발견하여 이 믿음으로써 구원받게 되기 위함입니다.

17. 무엇이 예수 그리스도를 죽게 하여 우리 죄를 속량케 하셨습니까?

답/ 요한복음 14장 13절과 로마서 5장 8절, 갈라디아서 2장 20절, 에베소서 5장 2절 말씀에 기록한 대로 성부에 대한 그의 사랑과 또한 나와 다른 죄인들을 위한 그리스도의 크신 사랑이 그 동기입니다.

18. 왜 당신은 성례에 참례코자 하십니까?

답/ 전에도 말한 대로 그리스도께서 그 크신 사랑으로 내 죄를 위하여 죽으심을 믿고 또한 그로 인하여 하나님과 이웃을 사랑할 수 있게 되기 위해서입니다.

19. 무엇이 신자로 하여금 성례에 자주 참례할 것을 훈계하며 격려합니까?

답/ 하나님측에서 본다면 주 예수 그리스도의 명령과 언약이 신자를 움직이며, 신자의 입장에서 본다면 그리스도의 명령과 격려와 언약을 받음으로 번뇌하게 되어 성례에 자주 참례하도록 됩니다.

20. 만일 이와 같은 번뇌를 지각하지 못하거나 또한 성례를 갈망하지 아니할 때에는 어떻게 할 것입니까?

답/ 이런 사람에게 가장 적절한 충고는 첫째로, 그로 하여금 손을 그의 가슴에 대고 아직도 자기에게 살과 피가 있는지 또한 성서에 기록한 것을 믿는지 검토케 할 것입니다(갈 5:19; 롬 7:18을 보이고 권고할 것).

둘째로, 그로 하여금 아직도 자기가 세상에 거하는지를 살피게 하며 또한 성서에 기록한 대로 죄와 번민이 그에게 없지 않다는 것을 명심케 할 것입니다(요 15:18-19; 16:20; 요일 2:15-16; 5:19를 보이고 권고할 것).

셋째로, 성서가 그를 묘사함같이 주야로 속이며 살인하는 악마가 그와 더불어 항상 함께 있어서 내부나 외부의 평화를 유지하지 못하게 하는 것을 알게 할 것입니다(요 8:44; 16장; 벧전 5:8-9; 엡 6:11-12; 딤후 2:26을 보이고 권고할 것).

부기(附記)

이상의 문답은 일종의 뜻없는 기록이 아니라 남녀노소를 위하여 존경할 만하고 경건한 루터 박사께서 뜻있고 진실성 있게 작성한 것입니다. 그러므로 각자는 이것을 명심하여 중대하게 고려해야 할 것입니다. 사도 바울이 갈라디아서 6장 7절에서 말한 것과 같이 "스스로 속이지 말라 하나님은 만홀히 여김을 받지 아니하시나니…" 한 것을 명심해야 할 것입니다.

제 2 부

해 설

서 언

1. 우리가 지금부터 공부하려는 이 책의 이름은 무엇입니까?
답/ "소교리문답서"라고 합니다.

2. "소교리문답서"란 무엇입니까?
답/ "소교리문답서"란 문답식으로 가르치는 것입니다.

3. 이 "소교리문답서"를 누가 기록했습니까?
답/ 말틴 루터 박사께서 기록하셨습니다(주후 1529년).

4. 루터의 소교리문답서의 내용은 무엇입니까?
답/ 기독교 교리의 중요한 부분입니다.

5. 기독교 교리의 중요한 부분이란 무엇입니까?
답/ (1) 십계명

(2) 사도 신조
(3) 주기도문
(4) 세례의 성례
(5) 천국 열쇠의 직무와 죄의 고백
(6) 성단의 성례

6. 루터 박사는 이상 여섯 가지의 기독교 교리의 중요한 부분을 어느 책에서 취하셨습니까?
답/ 성서에서 취하셨습니다.

(1) 성 서

7. 성서란 무엇입니까?
답/ 성서란 하나님의 말씀입니다.

8. 성서를 누가 기록하였습니까?
답/ 거룩한 하나님의 종들이 기록하였습니다. 즉 구약성서는 선지자들이, 신약성서는 복음서 기자들과 사도들이 기록하였습니다.
 1) 성령의 감동하심을 입은 사람들이 하나님께 받아 말한 것임이라(벧후 1:21).

9. 사람들이 기록한 성경이 어떻게 하나님의 말씀이 될 수 있습니까?
답/ 성경은 사람들이 하나님의 영감(靈感)을 받아서 기록하였기 때문입니다.
 2) 모든 성경은 하나님의 감동으로 된 것으로…(딤후 3:16).

10. "하나님의 영감으로"란 무슨 뜻입니까?

답/ "하나님의 영감으로"란 성령께서 거룩한 사람들을 움직여서 쓰게 하셨고 따라서 저들이 쓴 말과 발표한 실제의 사유(思惟)를 그들 마음 가운데 주셨다는 뜻입니다(문자적 영감).

3) 오직 성령의 감동하심을 입은 사람들이 하나님께 받아 말한 것임이니라(벧후 1:21).

4) 우리가 이것을 말하거니와 사람의 지혜의 가르친 말로 아니하고 오직 성령의 가르치신 것으로 하니라(고전 2:13).

11. 그러면 성서의 모든 말씀은 누구의 말씀입니까?

답/ 성서에 있는 모든 말씀은 하나님의 말씀이므로 착오가 없습니다.

5) 아버지의 말씀은 진리니이다(요 17:17).

6) 모든 성서는 하나님의 감동으로 된 것으로…(딤후 3:16).

7) 성서는 폐하지 못하나니…(요 10:35).

12. 하나님께서는 무슨 목적으로 우리에게 성서를 주셨습니까?

답/ 우리로 하여금 예수 그리스도 안에 있는 믿음으로 말미암아 구원에 이르기에 지혜롭게 하며, 또한 거룩한 생활을 하게 하도록 우리를 훈련시키기 위함입니다.

8) 또 네가 어려서부터 성서를 알았나니 성서는 능히 너로 하여금 그리스도 예수 안에 있는 믿음으로 말미암아 구원에 이르는 지혜가 있게 하느니라 모든 성서는 하나님의 감동으로 된 것으로 교훈과 책망과 바르게 함과 의로 교육하기에 유익하니 이는 하나님의 사람으로 온전케 하며 모든 선한 일을 행하기에 온전케 하려 함이니라(딤후 3:15-17).

9) 주의 말씀은 내 발의 등이요 내 길에 빛이니라(시 119:105).

13. 우리는 성서로 무엇을 할 것입니까?
답/ 부지런하게 또 경건한 마음으로 성서를 읽으며 공부하고 읽는 것이나 설명하는 것을 주의깊게 들으며 이 말씀을 믿고 또는 이에 순종하여 살 것입니다.

10) 너희가 성경에서 영생을 얻는 줄 생각하고 성경을 상고하거니와 이 성경이 곧 내게 대하여 증거하는 것이로다(요 5:39).
11) 예수께서 가라사대 오히려 하나님의 말씀을 듣고 지키는 자가 복이 있느니라 하시니라(눅 11:28).
12) 마리아는 이 모든 말을 마음에 지키어 생각하니라(눅 2:19).
13) 사람이 나를 사랑하면 내 말을 지키리니…(요 14:23).

(2) 율법과 복음

14. 성서의 2대 교리란 무엇입니까?
답/ 율법과 복음입니다.

15. 율법이란 무엇입니까?
답/ 율법은 하나님께서 우리에게 어떻게 하여야 한다든지 무엇을 하여야 한다든지 또는 어떤 것을 하여서는 안 된다는 것 등을 가르친 성서의 교리입니다.

14) 너희는 거룩하라 나 여호와 너희 하나님이 거룩함이니라(레 19:2).
15) 너는 내가 오늘 네게 명하는 것을 삼가 지키라(출 34:11).

16) 오늘날 내가 네게 명하는 이 말씀을 너는 마음에 새기고 네 자녀에게 부지런히 가르치며…(신 6:6-7).

16. 복음이란 무엇입니까?

답/ 복음이란 하나님께서 예수 그리스도 안에 있는 구원의 기쁜 소식을 우리들에게 전하는 성서의 교리입니다.

17) 하나님의 사랑이 우리에게 이렇게 나타난바 되었으니 하나님이 자기의 독생자를 세상에 보내심은 저로 말미암아 우리를 살리려 하심이니라(요일 4:9).

18) 하나님이 세상을 이처럼 사랑하사 독생자를 주셨으니 이는 저를 믿는 자마다 멸망치 않고 영생을 얻게 하려 하심이니라(요 3:16).

19) 내가 복음을 부끄러워하지 아니하노니 이 복음은 모든 믿는 자에게 구원을 주시는 하나님의 능력이 됨이라(롬 1:16).

17. 율법과 복음의 다른 점은 무엇입니까?

답/ (가) 율법은 우리들의 할 것과 안 할 것을 가르치며, 복음은 우리의 구원을 위하여 하나님께서 하신 것과 또한 하시는 것을 가르칩니다.

(나) 율법은 우리의 죄와 하나님의 노하심을 보이며, 복음은 우리의 구주와 하나님의 은총을 보여 줍니다

(다) 율법은 모든 사람에게 설교할 것이로되 특별히 회개치 아니하는 죄인을 위하여 할 것이며 복음은 자기 죄로 말미암아 마음 가운데 번민하는 죄인들에게 설교하여야 합니다.

1. 십계명

18. 십계명이란 무엇입니까?
답/ 십계명이란 하나님의 율법입니다.
　(하나님께서 십계명을 주셨으나 어느 것이 첫째, 둘째, 혹은 셋째 계명이라고는 말씀하지 않으셨습니다. 교파에 따라서 계명의 번호를 정하는게 서로 다릅니다.)

19. 하나님께서 그 율법을 어떻게 주셨습니까?
답/ 사람을 창조하실 때에 사람의 마음 가운데 법으로 주셨고 후일에 그 법을 십계명으로 정돈하셔서 두 개의 석판(石板) 위에 써서 모세를 통하여 주셨습니다(출 19-20장 참고).
　20) 율법 없는 이방인이 본성으로 율법의 일을 행할 때는 이 사람은 율법이 없어도 자기가 자기에게 율법이 되나니 이런 이들은 그 양심이 증거가 되어 그 생각들이 서로 혹은 송사하며 혹은 변명하여 그 마음에 새긴 율법의 행위를 나타내느니라(롬 2:14-15).

20. 율법 제1판(부)의 요점은 무엇입니까? (첫째, 둘째, 셋째 계명)

답/ 네 마음을 다하고 목숨을 다하고 뜻을 다하여 주 너의 하나님을 사랑하라(마 22:37).

21. 율법 제2판(부)의 요점은 무엇입니까? (넷째 계명부터 열째 계명까지)
답/ 이웃 사랑하기를 네 몸과 같이 하라(마 22:39).

22. 계명 전체의 요점은 무엇입니까?
답/ "사랑"입니다.
   21) 사랑은 율법의 완성이니라(롬 13:1).

23. 하나님께서 십계명 중에 누구를 가리켜서 "너"라고 하셨습니까?
답/ 나와 또한 모든 인류를 가리켰습니다.

(1) 십계명의 첫번째 부분

첫째 계명…하나님에 관하여

"나 외에는 다른 신들을 네게 있게 하지 말라"(출 20:3).

  문/ 이것은 무슨 뜻입니까?
  답/ 모든 것 이상으로 하나님을 두려워하고 사랑하며 신뢰하라는 뜻입니다.

---

24. 하나님이 계신 것을 어떻게 압니까?
답/ (가) 세상의 존재로써 알 수 있고(하나님에 관한 자연 지식)

22) 집마다 지은 이가 있으니 만물을 지으신 이는 하나님이시라 (히 3:4).

23) 하늘이 하나님의 영광을 선포하고 궁창이 그 손으로 하신 일을 나타내는도다(시 19:1).

24) 이는 하나님을 알 만한 것이 저희 속에 보임이라 하나님께서 이를 저희에게 보이셨느니라 창세로부터 그의 보이지 아니하는 것들 곧 그의 영원하신 능력과 신성이 그 만드신 만물에 분명히 보여 알게 되나니 그러므로 저희가 핑계치 못할지니라(롬 1:19-20).

(나) 양심의 증거로서 알 수 있고(하나님에 관한 자연 지식)

25) 이런 이들은 그 양심이 증거가 되어 그 생각들이 서로 혹은 송사하며 혹은 변명하여 그 마음에 새긴 율법의 행위를 나타내느니라(롬 2:15).

(다) 특별히 하나님께서 자신을 명확하게 나타내신 성서를 통하여 알 수 있습니다(하나님의 계시적 지식).

26) 나는 여호와니 이는 내 이름이라 나는 내 영광을 다른 자에게, 내 찬송을 우상에게 주지 아니하리라(사 42:8).

27) 오직 여호와는 참 하나님이시요 사시는 하나님이시요 영원한 왕이시니라(렘 10:10).

28) 영생은 곧 유일하신 참 하나님과 그의 보내신 자 예수 그리스도를 아는 것이니라(요 17:3).

(주) 행 17:23-24.

25. 하나님이란 어떤 분이십니까?

답/ "하나님은 영이시다"(요 4:24).
몸은 없으시되 마음과 뜻은 있는 존재(눅 24:39 참고).

(가) 하나님은 영원(永遠)하시며 (처음과 나중이 없음)
  29) 주여 주는 대대에 우리의 거처가 되셨나이다. 산이 생기기 전, 땅과 세계도 주께서 조성하시기 전 곧 영원부터 영원까지 주는 하나님이시니이다(시 90:1-2).

(나) 불변(不變)하시며
  30) 나 여호와는 변역지 아니하나니(말 3:6).
  31) 주는 여상하시고 주의 연대는 무궁하리이다(시 102:27).

(다) 전능(全能)하시며
  32) 나는 전능한 하나님이라 너는 내 앞에서 행하여 완전하라(창 17:1).
  33) 대저 하나님의 모든 말씀은 능치 못하심이 없느니라(눅 1:37).
  34) 하나님으로서는 다 할 수 있느니라(마 19:26).

(라) 전지(全知)하시며
  35) 여호와여 주께서 나를 감찰하시고 아셨나이다. 주께서 나의 앉고 일어섬을 아시며 멀리서도 나의 생각을 통촉하시오며 나의 길과 눕는 것을 감찰하시며 나의 모든 행위를 익히 아시오니 여호와여 내 혀의 말을 알지 못하시는 것이 하나도 없으시니이다(시 139:1-4).
  36) 주여 모든 것을 아시오매…(요 21:17).

(마) 편재(遍在)하시며

37) 나 여호와가 말하노라 사람이 내게 보이지 아니하려고 누가 자기를 은밀한 곳에 숨길 수 있겠느냐 나 여호와가 말하노라 나는 천지에 충만하지 아니하냐(렘 23:24).

(바) 거룩하시며

38) 너희는 거룩하라 나 여호와 너희 하나님이 거룩함이니라(레 19:2).

39) 거룩하다 거룩하다 거룩하다 만군의 여호와여(사 6:3).

(사) 공평(公平)하시고

40) 그 모든 길이 공평하며 진실무망하신 하나님이시니 공의로우시고 정직하시도다(신 32:4).

(아) 성실(誠實)하시며

41) 주는 일향 미쁘시니 자기를 부인하실 수 없으시리라(딤후 2:13).

(자) 자비(慈悲)로우시며

42) 여호와께서는 만유를 선대하시며 그 지으신 모든 것에 긍휼을 베푸시는도다(시 145:9).

(차) 긍휼하시며

43) 그 지으신 모든 것에 긍휼을 베푸시는도다(시 145:9).

(카) 은혜(恩惠)로우시며(친절하심)

44) 여호와로라 여호와로라 자비롭고 은혜롭고 노하기를 더디 하고 인자와 진실이 많은 하나님이로라 인자를 천대까지 베풀며 악과 과실과 죄를 용서하나…(출 34:6-7).

45) 하나님은 사랑이심이라(요일 4:8).

(이상을 하나님의 속성이라 함.)

26. 한 분이신 참 하나님이란 누구십니까?

답/ 유일(唯一)하신 참 하나님이란 삼위 신(神)이신데 한 신 중에 상이한 삼위(三位)-성부, 성자, 성령-께서 거하십니다(성삼위 신).

46) 이스라엘아 들으라 우리 하나님 여호와는 오직 하나인 여호와시니(신 6:4).

47) 또한 하나님은 한 분밖에 없는 줄 아노라(고전 8:4).

48) 그러므로 너희는 가서 모든 족속으로 제자를 삼아 아버지와 아들과 성령의 이름으로 세례를 주고(마 28:19).

49) 주 예수 그리스도의 은혜와 하나님의 사랑과 성령의 교통하심이 너희 무리와 함께 있을지어다(고후 13:13).

50) 여호와는 네게 복을 주시고 너를 지키시기를 원하며 여호와는 그 얼굴로 네게 비취사 은혜 베푸시기를 원하며 여호와는 그 얼굴을 네게로 향하여 드사 평강 주시기를 원하노라(민 6:24-26).

※ 마 3:16-17 참고.

27. 하나님의 삼위(三位)가 어떻게 다릅니까?

답/ 영원한 가운데 성부께서 성자를 낳았고 성자는 영원 가운데 나게 되었고 성령은 영원 가운데 성부와 성자에게서 나오게 되었는데-창조의 역사는 성부에게 돌리고, 속죄는 성자에게, 또한 성화는 성령께 돌립니다.

51) 너는 내 아들이라 오늘날 내가 너를 낳았도다(시 2:7).

52) 내가 아버지께로서 너희에게 보낼 보혜사 곧 아버지께로서 나오시는 진리의 성령이 오실 때에 그가 나를 증거하실 것이요 (요 15:26).

53) 너희가 아들인고로 하나님이 그 아들의 영을 우리 마음 가운데 보내사 아바 아버지라 부르게 하셨느니라(갈 4:6).

28. 하나님께서 첫째 계명 중에 무엇을 금하셨습니까?
답/ 하나님 대신에 다른 신을 섬기는 것을 금하셨습니다(우상 숭배 금지).

54) 주 너의 하나님께 경배하고 다만 그를 섬기라 하였느니라 (마 4:10).

55) 나는 여호와니 이는 내 이름이라 나는 내 영광을 다른 자에게, 내 찬송을 우상에게 주지 아니하리라(사 42:8).

29. 어떤 때에 사람들이 다른 신을 가지게 됩니까?
답/ (가) 어떤 창조물을 창조주 하나님과 같이 생각하며 숭배할 때(사 42:8 참고).

56) 오직 우리 하나님은 하늘에 계셔서 원하시는 모든 것을 행하셨나이다 저희 우상은 은과 금이요 사람의 수공들이라(시 115:3-4).

※ 출 32장; 왕상 18:18-29; 삿 16:23-24 참고.

(나) 삼위신 아닌 다른 신을 믿을 때

57) 이는 모든 사람으로 아버지를 공경하는 것같이 아들을 공경

하게 하려 하심이라 아들을 공경치 아니하는 자는 그를 보내신 아버지를 공경치 아니하느니라(요 5:23).

(다) 하나님 대신에 다른 어떤 사람이나 혹은 물건을 두려워하며 사랑하고 신뢰할 때입니다.
58) 몸은 죽여도 영혼은 능히 죽이지 못하는 자들을 두려워하지 말고 오직 몸과 영혼을 능히 지옥에 멸하시는 자를 두려워하라(마 10:28).
59) 아비나 어미를 나보다 더 사랑하는 자는 내게 합당하지 아니하고 아들이나 딸을 나보다 더 사랑하는 자도 내게 합당하지 아니하고(마 10:37).
60) 너는 마음을 다하고 여호와를 의뢰하고 네 명철을 의지하지 말라(잠 3:5).
61) 음행하는 자나 더러운 자나 탐하는 자 곧 우상 숭배자는 다 그리스도와 하나님 나라에서 기업을 얻지 못하리니(엡 5:5).
62) 재물이 있는 자는 하나님의 나라에 들어가기가 심히 어렵도다(막 10:23).
63) 저희의 신은 배요 그 영광은 저희의 부끄러움에 있고 땅의 일을 생각하는 자라(빌 3:19).
64) 어리석은 자는 그 마음에 이르기를 하나님이 없다 하도다. 저희는 부패하고 소행이 가증하여 선을 행하는 자가 없도다(시 14:1).
※ 눅 16:19; 마 19:22 참고.

30. 하나님께서 첫째 계명 중에 무엇을 우리에게 요구하십니까?
답/ 모든 것 이상으로 그를 두려워하며 사랑하고 신뢰할 것을 요구하십니다.

31. 어떤 때에 우리가 하나님을 모든 것 이상으로 두려워합니까?
답/ 우리가 마음을 다하여 그를 가장 높으신 분으로 숭배하며 생명을 다하여 그를 존경하며 또한 그를 노하게 하는 것을 피할 때입니다.

65) 온 땅은 여호와를 두려워하며 세계의 모든 거민은 그를 경외할지이다(시 33:8).

66) 나는 전능한 하나님이라 너는 내 앞에서 행하여 완전하라(창 17:1).

67) 그런즉 내가 어찌 이 큰 악을 행하여 하나님께 득죄하리이까(창 39:9).

68) 여호와를 경외하는 것은 악을 미워하는 것이라(잠 8:13).

※ 단 3장 참고.

32. 어떤 때에 우리가 하나님을 모든 것 이상으로 사랑합니까?
답/ 우리가 마음을 다하여 그에게 신뢰하고 우리 전 생명을 바쳐서 그를 섬길 때입니다.

69) 네 마음을 다하고 목숨을 다하고 뜻을 다하여 주 너의 하나님을 사랑하라(마 22:37).

70) 하늘에서는 주 외에 누가 내게 있으리요 땅에서는 주밖에 나의 사모할 자 없나이다. 내 육체와 마음은 쇠잔하나 하나님은 내 마음의 반석이시오 영원한 분깃이시라(시 73:25-26).

※ 창 22장 참고.

33. 어떤 때에 우리가 모든 것 이상으로 하나님을 신뢰합니까?
답/ 마음을 다하여 우리의 전 생명을 그의 수중에 맡기고 필요할 때마다 그에게 의지할 때입니다.

   71) 여호와께 피함이 사람을 신뢰함보다 나으며(시 118:8).

   72) 너는 마음을 다하여 여호와를 의뢰하고 네 명철을 의지하지 말라(잠 3:5).

   ※ 삼상 17:37, 46-47 참고.

둘째 계명…하나님의 이름에 관하여

"주 너의 하나님의 이름을 망령되이 부르지 말라"(출 20:7).

 문/ 이것은 무슨 뜻입니까?

 답/ 하나님을 두려워하고 사랑하여 그의 이름으로 저주나 맹세나 요술이나 거짓말이나 기만하지 말며 도리어 어려울 때에 그의 이름을 부르며 또한 기도와 찬미와 감사로써 그를 숭배하라는 뜻입니다.

---

34. 왜 우리는 이 계명과 다른 계명 중에서 "하나님을 두려워하고 사랑할 것"이라고 합니까?

답/ 모든 계명의 이행은 반드시 하나님을 두려워하고 사랑하는 데서 나야 할 것입니다.

35. 무엇이 하나님의 이름입니까?

답/ (가) 하나님 자신을 표현하는 모든 칭호입니다. 즉 하나님, 여호와, 주, 전능자, 예수 그리스도, 성령 등.

   73) 나는 여호와니 이는 내 이름이라 나는 내 영광을 다른 자에게 내 찬송을 우상에게 주지 아니하리라(사 42:8).

   74) 그 이름은 여호와 우리의 의라 일컬음을 받으리라(렘 23:6).

75) 이름을 예수라고 하라(마 1:21).
※ 출 3:13-14; 신 28:58; 사 43:15; 44:6; 47:4; 렘 32:18 참고.

(나) 하나님께서 자신에 관하여 말씀하신 모든 진술입니다.
76) 내가 무릇 내 이름을 기념하게 하는 곳에서 네게 강림하여 복을 주리라(출 20:24).

36. 하나님께서 둘째 계명 중에 무엇을 금하셨습니까?
답/ 그의 이름을 망령되이(헛되게) 부르는 것을 금합니다.
77) 나 여호와는 나의 이름을 망령되이 일컫는 자를 죄 없다 하지 아니하리라(출 20:7).

37. 무엇이 하나님의 이름을 망령되이 부르는 것입니까?
답/ (가) 필요 없이 함부로 하나님의 어떤 칭호를 사용하는 것입니다.

(나) 그의 이름으로 저주나 맹세나 요술이나 거짓말이나 기만하는 것입니다.

38. 무엇이 그의 이름으로 저주하는 것입니까?
답/ (가) 시비와 조롱으로 하나님을 모독하는 것입니다.
78) 누구든지 자기 하나님을 저주하면 죄를 당할 것이요(레 24:15).
※ 마 27:39-43; 왕하 18:28-35; 19:21-22 참고.

(나) 어떤 사람이나 물건에 하나님의 분노와 심판이 임하기를

구하는 것입니다.

   79) 이것으로 우리가 주 아버지를 찬송하고 또 이것으로 하나님의 형상대로 지음을 받은 사람을 저주하나니 한 입으로 찬송과 저주가 나는도다 내 형제들아 이것이 마땅하지 아니하니라(약 3:9-10)

   ※ 마 27:25; 삼상 17:43; 마 26:74 참고.

39. 무엇이 그의 이름으로 맹세하는 것입니까?
답/ 우리들이 말하는 것 혹은 약속하는 것의 사실성을 증거하기 위하여 또한 만일 거짓을 말하거나 약속을 지키지 않는 경우에는 벌을 받을 것을 하나님의 이름을 들어서 서약하는 것입니다.

   80) 내가 내 영혼을 두고 하나님을 불러 증거하시게 하노니… (고후 1:23).

40. 어떤 때에 하나님의 이름을 들어 맹세함을 허락하거나 또는 요구까지라도 합니까?
답/ (가) 집권자의 요구가 있을 때-예를 들면 법정에서 거짓없는 순수한 사실만을 증거하고 사실 외에 아무 것도 증거하지 말라고 명(命)하였을 때,

   81) 각 사람은 위에 있는 권세들에 굴복하라(롬 13:1).

   ※ 마 2:63-64 참고.

   (나) 서언(誓言)함으로써 하나님의 영광과 이웃의 복리(福利)가 될 때입니다.

   82) 네 하나님 여호와를 경외하며 섬기며 그 이름으로 맹세할 것이니라(신 6:13).

83) 사람들은 자기보다 더 큰 자를 가리켜 맹세하나니 맹세는 저희 모든 다투는 일에 최후 확정이니라(히 6:16).

※ 창 24:3; 고후 1:23 참고.

41. 어떤 맹세가 죄되는 것입니까?

답/ 그릇되고 생각없이 하는 맹세나 혹은 죄되고 불확실하고 중요치 않은 사실에 대하여 맹세하는 것입니다.

84) 또 옛 사람에게 말한바 헛맹세를 하지 말고 네 맹세한 것을 주께 지키라 하였다는 것을 너희가 들었으나 나는 너희에게 이르노니 도무지 맹세하지 말지니 하늘로도 말라 이는 하나님의 보좌임이요 땅으로도 말라 이는 하나님의 발등상임이요 예루살렘으로도 말라 이는 큰 임금의 성임이요 네 머리로도 말라 이는 네가 한 터럭도 희고 검게 할 수 없음이라 오직 너희 말은 옳다 옳다, 아니라 아니라 하라 이에서 지나는 것은 악으로 좇아 나느니라(마 5:33-37).

85) 너희는 내 이름으로 거짓 맹세함으로 네 하나님의 이름을 욕되게 하지 말라(레 19:12).

※ 마 26:72; 행 23:12; 마 14:6-9 참고.

42. 무엇이 하나님의 이름으로 요술(妖術)하는 것입니까?

답/ (가) 마귀의 도움으로 초자연적인 일을 이행하려고 하나님의 이름을 쓰는 것인데 마술, 점, 또는 죽은 자와 협의하는 것 등입니다.

86) 그 아들이나 딸을 불 가운데로 지나게 하는 자나 복술자나 길흉을 말하는 자나 요술하는 자나 무당이나 진언자나 신접자나 박수나 초혼자를 너희 중에 용납하지 말라 무릇 이런 일을 행하는 자는 여호와께서 가증히 여기시나니 이런 가증한 일로 인하여 네

하나님 여호와께서 그들을 네 앞에서 쫓아내시느니라(신 18:10-12).
  ※ 출 7-8장 참고.

  (나) 이상에 기록한 것과 또는 이에 근사한 사탄술(術)을 행하는 자의 도움을 청하는 것입니다.
  87) 너희는 신접한 자와 박수를 믿지 말며 그들을 추종하여 스스로 더럽히지 말라 나는 너희 하나님 여호와니라(레 19:31).
  ※ 삼상 28장 참고.

43. 무엇이 하나님의 이름으로 거짓말이나 기만하는 것입니까?
  답/ (가) 그릇된 교리를 가르치면서 이것을 하나님의 말씀 혹은 묵시라 하는 것과
  88) 사람의 계명으로 교훈을 삼아 가르치니 나를 헛되이 경배하는도다(마 15:9).
  89) 나 여호와가 말하노라 보라 그들이 혀를 놀려 그가 말씀하셨다하는 선지자들을 내가 치리라(렘 23:31).
  90) 내가 너희에게 명하는 이 모든 말을 너희는 지켜 행하고 그것에 가감하지 말지니라(신 12:32).
  ※ 왕상 13:11-19 참고.

  (나) 겉으로 경건함을 보여 불신의 마음이나 죄된 생활을 덮는 것입니다.
  91) 이 백성이 입술로는 나를 존경하되 마음은 내게서 멀도다(마 15:8).
  92) 나더러 주여 주여 하는 자마다 천국에 다 들어갈 것이 아니요 다만 하늘에 계신 내 아버지의 뜻대로 행하는 자라야 들어가

리라(마 7:21).

※ 마 5:13-33; 행 5:1-11 참고.

44. 하나님께서 둘째 계명 중에 무엇을 우리에게 요구하셨습니까?
답/ 어려울 때마다 그의 이름을 부르며 또한 기도와 찬미와 감사로써 그를 숭배할 것입니다.

93) 환난 날에 나를 부르라 내가 너를 건지리니 네가 나를 영화롭게 하리로다(시 50:15).

94) 구하라 그러면 너희에게 주실 것이요 찾으라 그러면 찾을 것이요 문을 두드리라 그러면 너희에게 열릴 것이니(마 7:7).

95) 내 영혼아 여호와를 송축하라 내 속에 있는 것들아 다 그 성호를 송축하라(시 103:1).

96) 여호와께 감사하라 저는 선하시며 그 인자하심이 영원함이로다(시 118:1).

※ 눅 17:11-13, 15-16; 삼상 1-2장 참고.

> 셋째 계명… 하나님의 말씀에 관하여
>
> "안식일을 기억하여 거룩하게 지키라"(출 20:8).
>
> 문/ 이것은 무슨 뜻입니까?
> 답/ 하나님을 두려워하고 사랑하여 그의 말씀과 이를 전하는 것을 멸시하지 말며 그 말씀을 거룩하게 받들며 즐거운 마음으로 들으며 배우라는 뜻입니다.

45. 하나님께서 신약시대의 신자된 우리들이 안식일(토요일)과 또한 구약에 기록된 성일(聖日)들을 지킬 것을 명(命)하셨습니까?

십계명 69

답/ 아닙니다. 하나님 자신께서는 신약성서 중에 안식일과 다른 성일들을 폐지하셨습니다.

97) 인자는 안식일의 주인이니라(마 12:8).

98) 그러므로 먹고 마시는 것과 절기나 월삭이나 안식일을 인하여 누구든지 너희를 폄론하지 못하게 하라 이것들은 장래 일의 그림자이나 몸은 그리스도의 것이니라(골 2:16-17).

46. 하나님께서 신자들에게 어떤 일정한 날을 지키라 명하셨습니까?
답/ 아닙니다.

99) 혹은 이 날을 저 날보다 낫게 여기고 혹은 모든 날을 같게 여기나니 각각 자기 마음에 확정할지니라 날을 중히 여기는 자도 주를 위하여 중히 여기고(롬 14:5-6).

100) 너희가 날과 달과 절기와 해를 삼가 지키니 내가 너희를 위하여 수고한 것이 헛될까 두려워하노라(갈 4:10-11).

47. 그러면 우리는 어찌하여 일요일과 또는 교회가 정한 다른 절일(節日)들을 지킵니까?
답/ 공동 예배를 드릴 기회를 가지려고 지킵니다.

101) 모이기를 폐하는 어떤 사람들의 습관과 같이 하지 말고 오직 권하여 그날이 가까움을 볼수록 더욱 그리하자(히 10:25).

102) 저희가 사도의 가르침을 받아 서로 교제하며 떡을 떼며 기도하기를 전혀 힘쓰니라(행 2:42).

※ 행 20:7; 고전 16:2 참고.

48. 우리 교리문답서는 셋째 계명을 신약성서적 의미로 어떻게 해석합니까?

답/ 하나님을 두려워하며 사랑할 것이니 그의 말씀과 또한 이를 전함을 천시하지 말며 도리어 거룩하게 그의 말씀을 받들며 즐거운 마음으로 들으며 공부할 것입니다.

49. 어느 때가 셋째 계명을 거스려 범죄하는 것입니까?
답/ 하나님의 말씀과 이를 전함을 천시할 때입니다.

50. 이것이 어떻게 실현됩니까?
답/ (가) 우리들이 공공예배에 참석하지 않을 때

(나) 기록된 하나님의 말씀과 성례를 사용하지 않을 때

(다) 하나님의 말씀과 성례를 태만하게 혹은 경솔하게 사용할 때입니다.
103) 하나님께 속한 자는 하나님의 말씀을 듣나니 너희가 듣지 아니함은 하나님께 속하지 아니하였음이로다(요 8:47).
104) 너희 말을 듣는 자는 곧 내 말을 듣는 것이요 너희를 저버리는 자는 곧 나를 저버리는 것이요 나를 저버리는 자는 나 보내신 이를 저버리는 것이니라(눅 10:16).
※ 눅 7:30; 삼상 15:10-13; 행 13:45-46 참고.

51. 하나님께서 셋째 계명 중에 무엇을 우리에게 요구하셨습니까?
답/ (가) 하나님의 말씀과 이 말씀을 전함을 거룩하게 받들 것과
105) 너희가 우리에게 들은바 하나님의 말씀을 받을 때에 사람의 말로 아니하고 하나님의 말씀으로 받음이니 진실로 그러하다 이 말씀이 또한 너희 믿는 자 속에서 역사하느니라(살전 2:13).

106) 무릇 마음이 가난하고 심령에 통회하며 나의 말을 인하여 떠는자 그 사람은 내가 권고하려니와(사 66:2).

(나) 즐거운 마음으로 이 말씀을 들으며 공부하며 명상하며
107) 너는 하나님의 전에 들어갈 때에 네 발을 삼갈지어다 가까이 하여 말씀을 듣는 것이 우매자의 제사 드리는 것보다 나으니 저희는 악을 행하면서도 깨닫지 못함이니라(전 5:1).
108) 여호와여 내가 주의 계신 집과 주의 영광이 거하는 곳을 사랑하오니(시 26:8).
109) 저희가 사도의 가르침을 받아 서로 교제하며 떡을 떼며 기도하기를 전혀 힘쓰니라(행 2:42).
110) 그리스도의 말씀이 너희 속에 풍성히 거하여…(골 3:16).
111) 이 율법책을 네 입에서 떠나지 말게 하며 주야로 그것을 묵상하여 그 가운데 기록한 대로 다 지켜 행하라(수 1:8).
112) 오히려 하나님의 말씀을 듣고 지키는 자가 복이 있느니라(눅 11:28).
※ 눅 2:41-52; 10:39; 2:19; 행 17:11 참고.

(다) 하나님의 말씀을 전함과 가르침을 조력(助力)하며 존경하며
113) 너희를 인도하는 자들에게 순종하고 복종하라 저희는 너희 영혼을 위하여 경성하기를 자기가 회계할 자인 것같이 하느니라 저희로 하여금 즐거운 마음으로 이것을 하게 하고 근심으로 하게 말라 그렇지 않으면 너희에게 유익이 없느니라(히 13:17).
114) 가르침을 받는 자는 말씀을 가르치는 자와 모든 좋은 것을 함께 하라 스스로 속이지 말라 하나님은 만홀히 여김을 받지 아

니하시나니 사람이 무엇으로 심든지 그대로 거두리라(갈 6:6-7).
　※ 막 12:41-44; 고전 9:11 참고.

(라) 부지런히 이 말씀을 널리 전파할 것입니다.
　115) 너희는 온 천하에 다니며 만민에게 복음을 전파하라(막 16:15).

(2) 십계명의 둘째부분

52. 율법 제2판(부)의 개요는 무엇입니까?(제4계명부터 제10계명까지)
답/ 이웃 사랑하기를 네 몸과 같이 하라(마 22:39).

53. 누가 우리의 이웃입니까?
답/ 우리와 같이 사는 모든 인간을 가리킵니다.
　116) 기회가 있는 대로 모든 이에게 착한 일을 하되 더욱 믿음의 가정들에게 할지니라(갈 6:10).
　117) 원수를 사랑하며…(마 5:44).
　※ 눅 10:25-37 참고.

54. 어떻게 이웃을 사랑할 것입니까?
답/ 이웃 사랑하기를 우리 몸과 같이 할 것이며 십계명 제2판(부)을 지킴으로써 이 사랑을 보일 것입니다.
　118) 무엇이든지 남에게 대접을 받고자 하는 대로 너희도 남을 대접하라 이것이 율법이요 선지자니라(마 7:12).

> **넷째 계명…하나님께서 임명하신 윗사람들에 관하여**
>
> "네 부모를 공경하라 그리하면 내가 준 땅에서 오래 살리라" (출 20:12).
>
> 문/ 이것은 무슨 뜻입니까?
>
> 답/ 하나님을 두려워하고 사랑하여 부모나 이웃 사람을 업신여기거나 노하게 하지 말며 존경하고 섬기며 복종하고 존중하여 사랑하는 마음으로 대하라는 뜻입니다.

55. 누가 우리의 부모이며 윗사람입니까?

답/ 부모는 아버지와 어머니이며, 윗사람은 우리 가정에서나 국가, 학교 또는 직장에서 하나님의 법령에 의하여 우리를 다스리는 분들입니다.

56. 하나님께서 넷째 계명 중에 무엇을 금하셨습니까?

답/ 불복하는 마음과 다른 어떤 간악한 행동으로 부모나 이웃 사람을 노엽게 하며, 혹은 저들의 권위를 무시하는 행동으로 업신여기는 것을 금합니다.

119) 아비를 조롱하며 어미 순종하기를 싫어하는 자의 눈은 골짜기의 까마귀에게 쪼이고 독수리 새끼에게 먹히리라(잠 30:17).

120) 권세를 거스리는 자는 하나님의 명을 거스림이니 거스리는 자들은 심판을 자취하리라(롬 13:2).

※ 삼상 2:12, 23, 25; 삼하 15장 참고.

57. 하나님께서 넷째 계명 중에 무엇을 우리에게 요구하셨습니까?

답/ (가) 부모와 윗사람을 공경할 것이니, 즉 저들을 하나님의 대

표자로 생각할 것이며

121) 네 아버지와 어머니를 공경하라 이것이 약속 있는 첫 계명이니 이는 네가 잘되고 땅에서 장수하리라(엡 6:2-3).

122) 너는 센머리 앞에 일어서고 노인의 얼굴을 공경하며…(레 19:32).

※ 왕상 2:19; 왕하 2:12; 창 46:29 참고.

(나) 우리가 할 수 있는 한 기쁜 마음으로 부모와 윗사람들을 섬길 것이며

123) 먼저 자기 집에서 효를 행하여 부모에게 보답하기를 배우게 하라 이것이 하나님 앞에 받으실 만한 것이니라(딤전 5:4).

※ 창 47:11-12; 요 19:26 참고.

(다) 하나님께서 우리에게 임명하신 모든 주권자와 부모에게 복종할 것이며

124) 자녀들아 모든 일에 부모에게 순종하라 이는 주안에서 기쁘게 하는 것이니라(골 3:20).

125) 너 낳은 아비에게 청종하고 네 늙은 어미를 경히 여기지 말지니라(잠 23:22).

126) 사환들아 범사에 두려워함으로 주인들에게 순복하되 선하고 관용하는 자들에게만 아니라 또한 까다로운 자들에게도 그리하라(벧전 2:18).

127) 사람보다 하나님을 순종하는 것이 마땅하니라(행 5:29).

※ 눅 2:51; 삼상 20:31-33 참고.

(라) 부모나 윗사람을 하나님의 귀한 예물과 같이 존중하며 사

랑할 것입니다.

58. 하나님께서는 이하의 약속을 왜 더하셨습니까?
"그리하면 내가 준 땅에서 오래 살리라."
답/ 이 언약으로 하여금 부모나 윗사람을 공경하는 것의 중요성과 유익되는 말을 우리 마음에 새겨 주며 계명을 자진하여 지키게 하기 위하여 권하신 것입니다.

다섯째 계명…인간의 생명과 복리에 관하여

"살인하지 말라"(출 20:13).

문/ 이것은 무슨 뜻입니까?
답/ 하나님을 두려워하고 사랑하여 이웃을 상하게 하거나 해하지 말며 필요할 때 그를 도와주며 친절하게 대하라는 뜻입니다.

---

59. 하나님께서 다섯째 계명 중에 무엇을 금하셨습니까?
답/ (가) 이웃의 생명을 취함(他殺)과 혹은 자신의 생명을 취함(自殺)을 금하셨습니다.
128) 무릇 사람의 피를 흘리면 사람이 그 피를 흘릴 것이니 이는 하나님이 자기 형상대로 사람을 지었음이니라(창 9:6).
129) 검을 가지는 자는 다 검으로 망하느니라(마 26:52).
130) 그가 공연히 칼을 가지지 아니하였으니 곧 하나님의 사자가 되어 악을 행하는 자에게 진노하심을 위하여 보응하는 자니라(롬 13:4).
※ 창 4:8; 삼하 11:15; 출 21:29; 신 22:8; 마 27:5 참고.

(나) 이웃을 상하게 하거나 혹은 가해(加害)하는 것, 즉 그의 생명을 해하며 단축케 하며 괴롭게 함과

131) 내 사랑하는 자들아 너희가 친히 원수를 갚지 말고 진노하심에 맡기라 기록되었으되 원수 갚는 것이 내게 있으니 내가 갚으리라고 주께서 말씀하시니라(롬 12:19).

※ 창 37:23-35; 출 1장 참고.

(다) 이웃을 향하여 마음 가운데 분노나 증오를 품는 것을 금하셨습니다.

132) 나는 너희에게 이르노니 형제에게 노하는 자마다 심판을 받게 되고…(마 5:22).

133) 그 형제를 미워하는 자마다 살인하는 자니 살인하는 자마다 영생이 그 속에 거하지 아니하는 것을 너희가 아는 바라(요일 3:15).

134) 마음에서 나오는 것은 악한 생각과 살인과 간음과 음란과 도적질과 거짓 증거와 훼방이니(마 15:19).

135) 분을 내어도 죄를 짓지 말며 해가 지도록 분을 품지 말고 (엡 4:26).

※ 행 7:54; 창 4:5-7 참고.

60. 하나님께서 다섯째 계명 중에 우리에게 무엇을 요구하셨습니까?

답/ (가) 모든 필요에 따라 이웃을 도와주며 친절하게 대할 것과

136) 네 원수가 주리거든 먹이고 목마르거든 마시우라 그리함으로 네가 숯불을 그 머리에 쌓아 놓으리라(롬 12:20).

※ 창 14:12-16; 삼상 26:1-12; 눅 10:33-35 참고.

(나) 이웃에 대하여 자비스럽고 친절하고 용서할 것입니다.

137) 온유한 자는 복이 있나니 저희가 땅을 기업으로 받을 것임이요…긍휼히 여기는 자는 복이 있나니 저희가 긍휼히 여김을 받을 것임이요…화평케 하는 자는 복이 있나니 저희가 하나님의 아들이라 일컬음을 받을 것임이요(마 5:5, 7, 9).

138) 너를 송사하는 자와 함께 길에 있을 때에 급히 사화하라 그 송사하는 자가 너를 재판관에게 내어주고 재판관이 관예에게 내어주어 옥에 가둘까 염려하라(마 5:25).

139) 너희가 사람의 과실을 용서하지 아니하면 너희 아버지께서도 너희 과실을 용서하지 아니하시리라(마 6:15).

140) 서로 인자하게 하며 불쌍히 여기며 서로 용서하기를 하나님이 그리스도 안에서 너희를 용서하심과 같이 하라(엡 4:32).

※ 눅 17:11-19; 마 8:5-13; 창 45:1-16 참고.

여섯째 계명…결혼과 결백에 관하여

"간음하지 말라"(출 20:14).

문/ 이것은 무슨 뜻입니까?
답/ 하나님을 두려워하고 사랑하여 말과 행실에 있어서 순결과 정절을 지키며 남편과 아내는 서로 존경하며 사랑하라는 뜻입니다.

---

61. 결혼은 무엇입니까?
답/ 한 남자와 한 여자가 한 몸으로 평생의 결합을 맺는 것입니다. 결혼은 하나님으로 말미암아 정당화되었고 합법적 허혼(許婚), 혹은 약혼(約婚)으로 이에 이르게 됩니다.

141) 이러한즉 이제 둘이 아니요 한 몸이니 그러므로 하나님이 짝지어 주신 것을 사람이 나누지 못할지니라(마 19:6).

※ 창 2:18-24; 마 1:19-20, 24 참고.

62. 하나님께서 여섯째 계명 중에 무엇을 금하셨습니까?
답/ (가) 불성실 혹은 유기(遺棄)로서 결혼의 서약을 파하는 것을 금하되 만일 한 편(남편 혹은 부인)이 음행의 범죄사실이 있을 때에는 무죄(無罪)한 편으로 하여금 이혼함을 허락합니다.

142) 그러므로 하나님이 짝지어 주신 것을 사람이 나누지 못할지니라(마 19:6).

143) 음행한 연고 외에 아내를 내어버리고 다른 데 장가드는 자는 간음함이니라(마 19:9).

144) 음행하는 자들과 간음하는 자들을 하나님이 심판하시리라(히 13:4).

※ 삼하 11장; 막 6:18 참고.

(나) 동시에 모든 부정(不貞)하고 깨끗치 않은 생각과 욕망과 말과 행실을 금합니다.

145) 마음에서 나오는 것은 악한 생각과 살인과 간음과 음란과 도적질과 거짓 증거와 훼방이니(마 15:19).

146) 여자를 보고 음욕을 품는 자마다 마음에 이미 간음하였느니라(마 5:28).

147) 음행과 온갖 더러운 것과 탐욕은 너희 중에서 그 이름이라도 부르지 말라 이는 성도의 마땅한 바니라 누추함과 어리석은 말이나 희롱의 말이 마땅치 아니하니 돌이켜 감사하는 말을 하라(엡 5:3-4).

148) 저희의 은밀히 행하는 것들은 말하기도 부끄러움이니라(엡 5:12).

※ 창 39:7-12; 삿 16:1 참고.

63. 하나님께서 여섯째 계명 중에 무엇을 우리에게 요구하셨습니까?
답/ 생각과 욕망과 말과 행실에 있어서 순결하고 신중한 생활을 할 것입니다.

149) 영혼을 거스려 싸우는 육체의 정욕을 제어하라(벧전 2:11).

150) 무엇에든지 참되며…무엇에든지 칭찬할 만하며 무슨 덕이 있든지 무슨 기림이 있든지 이것들을 생각하라(빌 4:8).

151) 무릇 더러운 말은 너희 입 밖에도 내지 말고 오직 덕을 세우는데 소용되는 대로 선한 말을 하여 듣는 자들에게 은혜를 끼치게 하라(엡 4:29).

64. 순결하고 신중한 생활을 하기 위하여서 무엇을 할 것입니까?
답/ (가) 하나님을 두려워하는 마음으로 그의 말씀과 기도와 행위와 절제로써 모든 부정한 생각과 욕망을 물리치기를 힘쓰며

152) 어찌 이 큰 악을 행하여 하나님께 득죄하리이까(창 39:9).

153) 하나님이여 내 속에 정한 마음을 창조하시고 내 안에 정직한 영을 새롭게 하소서(시 51:10).

154) 포도주는 붉고 잔에서 번쩍이며 순하게 내려가나니 너는 그것을 보지도 말지어다 이것이 마침내 뱀같이 물 것이요 독사같이 쏠 것이며 또 네 눈에는 괴이한 것이 보일 것이요 네 마음은 망령된 것을 발할 것이며(잠 23:31-33).

(나) 부정을 할 만한 기회에서 멀리하며 피할 것입니다.

155) 음행을 피하라(고전 6:18).

156) 네가 청년의 정욕을 피하고…(딤후 2:22).

157) 너희 몸은 너희가 하나님께로부터 받은바 너희 가운데 계신 성령의 전인 줄을 알지 못하느냐 너희는 너희 것이 아니라(고전 6:19).

158) 내 아들아 악한 자가 너를 꾀일지라도 좇지 말라(잠 1:10).
※ 창 39:7-12 참고.

65. 하나님께서 특별히 결혼한 자들에게 무엇을 요구하십니까?
답/ 피차에 사랑하며 존경할 것과 남편된 이는 그의 아내를 하나님께서 주신 협력자로서 알고 아내된 이는 그의 남편을 하나님께서 주신 그의 머리(주인)로 여길 것을 명하셨습니다.

159) 교회가 그리스도에게 하듯 아내들도 범사에 그 남편에게 복종할지니라 남편들아 아내 사랑하기를 그리스도께서 교회를 사랑하시고 위하여 자신을 주심같이 하라(엡 5:24-25).

(주) 의무표에 있는 "남편과 아내에 대한 의무."

일곱째 계명…재산과 생활에 관하여

"도적질하지 말라"(출 20:15).

문/ 이것은 무슨 뜻입니까?

답/ 하나님을 두려워하고 사랑하여 이웃의 금전이나 물건을 훔치거나 그릇된 방법과 사기 수단으로 자기의 것을 만들지 말며 이웃의 재산이나 사업을 발전하도록 돕고 보호하라는 뜻입니다.

66. 하나님께서 일곱째 계명 중에 어떤 특수한 죄를 금하셨습니까?
답/ 강탈, 절도, 기만뿐만 아니라 이웃에게 속한 어떤 것이라도 죄 되게 바라는 것을 금합니다.

160) 도적질하는 자는 다시 도적질하지 말고 돌이켜 빈궁한 자에게 구제할 것이 있기 위하여 제 손으로 수고하여 선한 일을 하라(엡 4:28).

161) 너희는 재판에든지 도량형에든지 불의를 행치 말고(레 19:35).

162) 불의로 그 집을 세우며 불공평으로 그 다락방을 지으며 그 이웃을 고용하고 그 고가를 주지 아니하는 자에게 화 있을진저(렘 22:13).

163) 일하기 싫어하거든 먹지도 말게 하라(살후 3:10).

164) 악인은 꾸고 갚지 아니하나…(시 37:21).

165) 도적과 짝하는 자는 자기의 영혼을 미워하는 자라(잠 29:24).

166) 마음에서 나오는 것은 악한 생각과 살인과 간음과 음란과 도적질과 거짓 증거와 훼방이니(마 15:19).

※ 눅 10:30; 수 7:20-22; 요 12:6; 왕하 5:20-24 참고.

67. 하나님께서 일곱째 계명 중에 무엇을 우리에게 요구하셨습니까?
답/ (가) 이웃의 재산이나 생활을 돕고 부하게 하며 보호할 것과

167) 네가 만일 네 원수의 길 잃은 소나 나귀를 만나거든 반드시 그 사람에게로 돌릴지며(출 23:4).

168) 그러므로 무엇이든지 남에게 대접을 받고자 하는 대로 너희도 남을 대접하라(마 7:12).

※ 창 13:9; 14:12-16 참고.

(나) 필요에 따라 그를 도와주며

169) 네게 구하는 자에게 주며 네게 꾸고자 하는 자에게 거절하지 말라(마 5:42).

170) 가난한 자를 불쌍히 여기는 것은 여호와께 꾸이는 것이니 그 선행을 갚아 주시리라(잠 19:17).

171) 오직 선을 행함과 서로 나눠주기를 잊지 말라 이같은 제사는 하나님이 기뻐하시느니라(히 13:16).

※ 눅 19:8 참고.

(다) 이웃의 흥왕함을 볼 때 기뻐할 것입니다.

172) 사랑은…투기하는 자가 되지 아니하며…자기의 유익을 구치 아니하며…(고전 13:4-5).

여덟째 계명…명예(名譽)에 관하여

"네 이웃에 대하여 거짓 증거하지 말라"(출 20:16).

문/ 이것은 무슨 뜻입니까?

답/ 하나님을 두려워하고 사랑하여 이웃에게 거짓말하거나 배신하거나 비방하거나 욕하지 말고 변호하며 좋은 말로 대하고 모든 것을 선의로 해석하라는 뜻입니다.

---

68. 하나님께서 여덟째 계명 중에 무엇을 금하셨습니까?

답/ (가) 법정(法廷)에서 이웃에 관하여 사실 아닌 것을 증거함을

금하며

    173) 거짓 증인은 벌을 면치 못할 것이요 거짓말을 내는 자도 피치 못하리라(잠 19:5).
    ※ 마 26:59-61; 왕상 21:13 참고.

    (나) 이웃을 배반함을 금하나니 즉 그에게나 또는 그에 관하여서 거짓말하거나 혹 그를 해롭게 하기 위하여 사실을 숨기는 것과
    174) 거짓말을 내는 자도 피치 못하리라(잠 19:5).
    175) 그런즉 거짓을 버리고 각각 이웃으로 더불어 참된 것을 말하라 이는 우리가 서로 지체가 됨이라(엡 4:25).
    ※ 왕상 5:22-25 참고.

    (다) 이웃을 배신함을 금하나니 즉 그의 비밀을 폭로시키는 것과
    176) 두루다니며 한담하는 자는 남의 비밀을 누설하나 마음이 신실한 자는 그런 것을 숨기느니라(잠 11:13).
    ※ 삼상 22:6-19; 마 26:14-16 참고.

    (라) 이웃을 욕하며 그의 명예를 손상함을 금하나니, 즉 그를 험담하여 그의 명예를 중상시키는 것과
    177) 형제들아 피차에 비방하지 말라(약 4:11).
    178) 네 입을 악에게 주고 네 혀로 궤사를 지으며 앉아서 네 형제를 공박하며 네 어미의 아들을 비방하는도다 네가 이 일을 행하여도 내가 잠잠하였더니 네가 나를 너와 같은 줄로 생각하였도다 그러나 내가 너를 책망하여 네 죄를 네 목전에 차례로 베풀리라 하시는도다 하나님을 잊어버린 너희여 이제 이를 생각하라 그렇지 않으면 내가 너희를 찢으리니 건질 자 없으리라(시 50:19-22).

179) 비판치 말라 그리하면 너희가 비판을 받지 않을 것이요 정죄하지 말라 그리하면 너희가 정죄를 받지 않을 것이요…(눅 6:37).

180) 네 형제가 죄를 범하거든 가서 너와 그 사람과만 상대하여 권고하라(마 18:15).

※ 삼하 15:1-6 참고.

(마) 이웃에게 대하여 악의를 품거나 혹은 음모를 하는 것입니다.
181) 심중에 서로 해하기를 도모하지 말며…(슥 8:17).

69. 하나님께서 여덟째 계명 중에 무엇을 우리에게 요구하십니까?
답/ (가) 이웃을 변호할 것이니 즉 그릇된 고발에 대항하여 그의 편을 들어 보호하며

182) 너는 벙어리와 고독한 자의 송사를 위하여 입을 열지니라 너는 입을 열어 공의로 재판하여 간곤한 자와 궁핍한 자를 신원할지니라(잠 31:8-9).

(나) 이웃에 관하여 좋게 말하며 사실을 지키는 범위 안에서 그의 좋은 특질과 행동을 칭찬할 것이며
※ 삼상 19:4; 눅 7:4-5 참고.

(다) 모든 것은 선의로써 해석할 것이니 즉 그의 결점을 덮어 주며 될 수 있는 대로 그를 대하여 호의를 가지고 변명할 것입니다.
183) 사랑은 허다한 죄를 덮느니라(벧전 4:8).
184) 모든 것을 참으며 모든 것을 믿으며 모든 것을 바라며 모든 것을 견디느니라(고전 13:7).

> 아홉째 계명···거룩한 마음에 관하여
>
> "네 이웃의 집을 탐내지 말라"(출 20:17).
>
> 문/ 이것은 무슨 뜻입니까?
>
> 답/ 하나님을 두려워하고 사랑하여 이웃의 집이나 상속물을 탐내어 교활한 간책을 쓰며 법률상 구실을 붙여서 자기의 것으로 만들지 말고 도리어 이웃의 안전과 그의 소유물을 보호하라는 뜻입니다.

70. 하나님께서 아홉째 계명 중에 무엇을 금하셨습니까?
답/ 탐내는 것을 금하셨는데 즉 이웃에게 속한 어떠한 것에 대하여 죄된 욕망을 가지는 것입니다.

71. 이와 같은 죄된 욕망이 우리에게 무엇을 시킵니까?
답/ 우리로 하여금 사기나 법률상 구실로써 이웃의 상속물 혹은 집을 탐내게 합니다.

185) 가옥에 가옥을 연하며 전토에 전토를 더하여 빈 틈이 없도록 하고 이 땅 가운데서 홀로 거하려 하는···(사 5:8).

186) 화 있을진저 외식하는 서기관들과 바리새인들이여 너희는 천국 문을 사람들 앞에서 닫고 너희도 들어가지 않고 들어가려 하는 자도 들어가지 못하게 하는도다(마 23:13).

187) 우리가 먹을 것과 입을 것이 있은 즉 족한 줄로 알 것이니라 부하려 하는 자들은 시험과 올무와 여러 가지 어리석고 해로운 정욕에 떨어지나니 곧 사람으로 침륜과 멸망에 빠지게 하는 것이라 돈을 사랑함이 일만 악의 뿌리가 되나니 이것을 사모하는

자들이 미혹을 받아 믿음에서 떠나 많은 근심으로써 자기를 찔렀
도다(딤전 6:8-10).
　※ 왕상 21:1-16 참고.

72. 하나님께서 아홉째 계명 중에 무엇을 우리에게 요구하셨습니까?
답/ 우리 마음이 단지 거룩한 욕망으로 가득할 것을 요구합니다.
　188) 너희는 거룩하라 나 여호와 너희 하나님이 거룩함이니라
(레 19:2).

73. 이러한 거룩한 욕망이 우리에게 무엇을 하게 합니까?
답/ 우리로 하여금 이웃을 돕게 하며 또한 그의 상속물이나 집을
보호함에 있어서 그에게 봉사케 합니다.
　189) 오직 사랑으로 서로 종노릇하라(갈 5:13).

열째 계명…거룩한 마음에 관하여

"네 이웃의 아내나 종이나 가축이나 그 밖에 이웃에게 속한
모든 것을 탐내지 말라"(출 20:17).

문/ 이것은 무슨 뜻입니까?
답/ 하나님을 두려워하고 사랑하여 이웃의 아내를 유혹하거나
그의 종을 강압하거나 또는 그의 가축을 해치지 말며 저들로 하
여금 주인에게 머물게 하여 각자의 책임을 다하게 하라는 뜻입
니다.

---

74. 하나님께서 열째 계명 중에 무엇을 금하셨습니까?
답/ 열째 계명 중에서도 탐욕을 금하셨습니다.

75. 이러한 탐욕이 우리에게 무엇을 하게 합니까?
답/ 이웃의 아내나 종을 취하도록 시키며 혹은 그의 가축을 해치게 합니다.
　※ 삼하 11:2-4; 15:1-6 참고.

76. 하나님께서 열째 계명 중에 우리에게 무엇을 요구하셨습니까?
답/ 거룩한 욕망만으로 마음을 채울 것을 요구합니다.

77. 이러한 거룩한 욕망이 우리에게 무엇을 하게 합니까?
답/ 이웃의 처나 종들로 하여금 그들의 주인에게 머물게 하며 각자의 책임을 다하게 합니다.

78. 하나님께서 마지막 두 계명 중에서 무엇을 우리의 기억에 남기게 합니까?
답/ (가) 그릇된 욕망이나 혹은 욕정이 하나님 앞에 죄되며 비난 받기에 합당함을 기억하게 하며
　　190) 율법으로 말미암지 않고는 내가 죄를 알지 못하였으니 곧 율법이 탐내지 말라 하지 아니하였더면 내가 탐심을 알지 못하였으리라(롬 7:7).
　　191) 오직 각 사람이 시험을 받는 것은 자기 욕심에 끌려 미혹됨이니 욕심이 잉태한즉 죄를 낳고 죄가 장성한즉 사망을 낳느니라(약 1:14-15).

(나) 어떠한 욕정이든지 마음에 품지 말며 다만 거룩한 욕망과 하나님을 사랑하는 마음과 그 밖에 모든 선함을 가지도록 합니다.
　　192) 너희는 거룩하라 나 여호와 너희 하나님이 거룩함이니라

(레 19:2).

193) 하늘에 계신 너의 아버지의 온전하심과 같이 너희도 온전하라(마 5:48).

194) 여호와를 기뻐하라 저가 네 마음의 소원을 이루어 주시리로다(시 37:4).

십계명의 마감 말…경고와 언약에 관하여

문/ 이상 십계명을 통하여 하나님께서 무엇을 말씀하셨습니까?

답/ 하나님께서 말씀하시기를 "나 주 너의 하나님은 질투하는 하나님인 까닭에 나를 미워하는 자의 죄를 갚되 아비로부터 아들에게로 삼 사대까지 이르게 하며 나를 사랑하고 내 계명을 지키는 자에게는 수천대까지 은혜를 베풀 것이라."

문/ 이것은 무슨 뜻입니까?

답/ 계명을 범하는 자를 하나님께서 벌하시므로 그의 분노를 두려워하고 계명을 범하지 말 것이며 또한 이 계명을 지키는 모든 사람에게는 많은 복과 은혜를 베푸신다는 하나님의 약속입니다. 그러므로 하나님을 사랑하며 신뢰하고 기쁜 마음으로 그의 계명을 따라 행하라는 뜻입니다.

---

79. 하나님께서는 왜 "나 여호와 하나님은 질투하는 하나님이라" 하셨습니까?

답/ (가) 하나님은 이 계명을 우리들에게 주실 권리를 가지셨으며(주 너의 하나님)

(나) 우리에게 엄격하고 완전한 복종을 주장하심을 가르치십니다(질투).

80. 하나님께서는 그를 미워하고 그의 계명을 범하는 모든 자를 무엇으로 경고하셨습니까?

답/ 그의 분노와 불만족과 육체적 죽음과 영원한 형벌로써 경고하십니다.

195) 누구든지 율법 책에 기록된 대로 온갖 일을 항상 행하지 아니하는 자는 저주 아래 있는 자라(갈 3:10).

196) 죄의 삯은 사망이요…(롬 6:23).

81. 하나님께서 누구를 심판하실 것을 경고하셨습니까?

답/ 그의 계명을 범하는 모든 자들입니다.

197) 범죄하는 그 영혼은 죽을지라 아들은 아비의 죄악을 담당치 아니할 것이요 아비는 아들의 죄악을 담당치 아니하리니 의인의 의도 자기에게로 돌아가고 악인의 악도 자기에게로 돌아가리라(겔 18:20).

82. 하나님께서 "나를 미워하는 자의 죄를 갚으시되 아비로부터 아들에게로 삼 사대까지 이르게 하겠다"고 경고하신 뜻이 무엇입니까?

답/ 만일 자손들도 역시 하나님을 미워하며 그들의 부모의 그릇된 길을 밟는다면 그들의 선조의 죄로 인하여 세상에 사는 동안 그들을 심판하신다는 뜻입니다.

※ 창 9:25; 마 27:25 참고.

83. 하나님께서는 왜 그런 심판으로 경고하셨습니까?

답/ 우리로 하여금 그의 분노를 두려워하게 하며 그의 계명에 위반됨이 없도록 하기 위하여서 입니다.

※ 창 7장; 19장; 눅 19:43-44 참고.

84. 하나님을 사랑하며 그의 계명을 지키는 자에게 은혜와 모든 복을 약속하신 것은 무엇입니까?

답/ 하나님께서 그를 사랑하며 그의 계명을 지키는 자에게 영육간에 은혜롭게 보응하신다는 뜻입니다.

198) 경건은 범사에 유익하니 금생과 내생에 약속이 있느니라(딤전 4:8).

199) 나는 주께서 주의 종에게 베푸신 모든 은총과 모든 진리를 조금이라도 감당할 수 없사오나…(창 32:10).

85. 하나님을 사랑하며 그 계명을 지키는 자에게는 수천대까지 은혜를 베푸신다고 언약하신 뜻이 무엇입니까?

답/ 하나님께서 그를 사랑하고 복종하는 자녀의 후손들을 여러 대로 내려가며 축복하신다는 것입니다.

※ 창 22:17-18; 삼하 22:50-51 참고.

86. 하나님께서는 왜 이런 언약을 가하셨습니까?

답/ 하나님께서는 이 약속으로 말미암아 우리로 하여금 그를 사랑하며 신뢰하며 그의 계명에 의하여 모든 일을 기쁜 마음으로 행하게 하십니다.

200) 하나님을 사랑하는 것은 이것이니 그의 계명들을 지키는 것이라(요일 5:3).

(3) 율법의 이행

87. 하나님께서는 그의 계명을 어떻게 지킬 것을 우리에게 원하십니까?

답/ 생각과 욕망과 말과 행실에 있어서 완전하게 지킬 것을 원하십니다.

201) 그러므로 하늘에 계신 너희 아버지의 온전하심과 같이 너희도 온전하라(마 5:48).

202) 누구든지 온 율법을 지키다가 그 하늘에 거치면 모두 범한 자가 되나니(약 2:10).

88. 우리가 계명을 이와 같이 완전하게 지킬 수 있습니까?

답/ (가) 타락한 이후 생래(生來)의 인간은 하나님의 율법을 지킬 수 없습니다.

203) 다 치우쳤으며 함께 더러운 자가 되고 선을 행하는 자가 없으니 하나도 없도다(시 14:3).

204) 선을 행하고 죄를 범치 아니하는 의인은 세상에 아주 없느니라(전 7:20).

205) 대저 우리는 다 부정한 자 같아서 우리의 의는 다 더러운 옷 같으며…(사 64:6).

(나) 심지어는 기독교 신자로서도 이 계명을 완전하게 지킬 수 없습니다.

206) 내가 이미 얻었다함도 아니요 온전히 이루었다함도 아니라 오직 내가 그리스도 예수께 잡힌바 된 그것을 잡으려고 좇아가노라(빌 3:12).

207) 주의 종에게 심판을 행치 마소서 주의 목전에는 의로운 인생이 하나도 없나이다(시 143:2).
208) 만일 우리가 죄없다하면 스스로 속이고 또 진리가 우리 속에 있지 아니할 것이요(요일 1:8).

89. 그러면 누가 율법으로 구원을 얻을 수 있습니까?
답/ "하나님 앞에서 아무나 율법으로 말미암아 의롭게 되지 못할 것이 분명하니…"(갈 3:11).

(4) 율법의 목적

90. 그러면 율법의 목적은 무엇입니까?
답/ 율법에 세 가지 목적이 있으니
첫째, 율법은 거칠게 일어나는 죄를 어느 정도 억제하여 세상의 질서를 유지하게 하며(재갈-시 32:9 참고)
209) 법은 옳은 사람을 위하여 세운 것이 아니요 오직 불법한 자와 복종치 아니하는 자며 경건치 아니한 자와 죄인이며 거룩하지 아니한 자와 망령된 자며 아비를 치는 자와 어미를 치는 자며 살인하는 자며…(딤전 1:9).
210) 율법없는 이방인이 본성으로 율법의 일을 행할 때는 이 사람은 율법이 없어도 자기가 자기에게 율법이 되나니 이런 이들은 그 양심이 증거가 되어 그 생각들이 서로 혹은 송사하며 혹은 변명하여 그 마음에 새긴 율법의 행위를 나타내느니라(롬 2:14-15).

둘째, 우리 죄를 우리들에게 보여 주며(거울)

211) 율법으로는 죄를 깨달음이니라(롬 3:20).

212) 율법으로 말미암지 않고는 내가 죄를 알지 못하였으니 곧 율법이 탐내지 말라 하지 아니하였더면 내가 탐심을 알지 못하였으리라(롬 7:7).

셋째, 우리 기독 신자들의 하는 일이 하나님을 즐겁게 하는 생활이 되어야 할 것을 가르칩니다(법).

213) 청년이 무엇으로 그 행실을 깨끗케 하리이까 주의 말씀을 따라 삼갈 것이니이다(시 119:9).

214) 주의 말씀은 내 발에 등이요 내 길에 빛이니이다(시 119:105).

(주) 눅 10:27.

(5) 죄(罪)

91. 죄는 무엇입니까?
답/ "죄는 불법(不法)이라"(요일 3:4).
　※ 롬 5:19; 마 6:12; 출 34:7; 마 18:15; 고후 5:19; 롬 6:13; 골 3:25 참고.

92. 죄가 누구로 말미암아 세상에 오게 되었습니까?
답/ 죄는 마귀와 사람으로 말미암아 오게 되었으며 이 마귀는 한때에는 거룩한 천사이었다가 하나님을 배반한 자이며 사람은 자의(自意)로서 마귀의 시험에 굴복한 자입니다.

215) 죄를 짓는 자는 마귀에게 속하나니 마귀는 처음부터 범죄

함이니라(요일 3:8).

216) 이러므로 한 사람으로 말미암아 죄가 세상에 들어오고…(롬 5:12).

※ 창 3:1-7 참고.

93. 죄는 몇 가지가 있습니까?
답/ 원죄와 현행죄 두 가지가 있습니다.

94. 원죄란 무엇입니까?
답/ 원죄란 우리 전(全) 인간성의 전적(全的)인 타락을 말합니다.

217) 내가 죄악 중에 출생하였음이며 모친이 죄 중에 나를 잉태하였나이다(시 51:5).

218) 육으로 난 것은 육이요 성령으로 난 것은 영이니(요 3:6).

219) 너희는 유혹의 욕심을 따라 썩어져 가는 구습을 쫓는 옛 사람을 벗어버리고(엡 4:22).

95. 유전된 타락에 관하여 자세히 설명하십시오.
답/ 사람은 생래(生來)로 하나님을 두려워하거나 사랑하거나 신뢰하지 않으며 의로움이 없고 단지 악에게 기울고 영적으로 눈 멀었고 또한 하나님의 원수입니다.

220) 사람의 마음의 계획하는 바가 어려서부터 악함이라(창 8:21).

(주) 창 6:5; 엡 4:18; 롬 3:11-12.

221) 내 속 곧 내 육신에 선한 것이 거하지 아니하는 줄을 아노니…(롬 7:18).

222) 육에 속한 사람은 하나님의 성령의 일을 받지 아니하나니

저희에게는 미련하게 보임이요 또 깨닫지도 못하나니 이런 일은 영적으로라야 분변함이니라(고전 2:14).
   223) 허물과 죄로 죽었던 너희를…(엡 2:1).
   224) 육신의 생각은 하나님과 원수가 되나니…(롬 8:7).
   ※ 창 5:3 참고

96. 원죄로 말미암아 인간은 원래 어떠한 상태에 있습니까?
답/ 버리움을 당했고 정죄함을 받았고 영육간에 파멸을 받게 되었습니다.
   225) 다른 이들과 같이 본질상 진노의 자녀이었더니(엡 2:3).
   226) 모든 사람이 죄를 지었으므로 사망이 모든 사람에게 이르렀느니라(롬 5:12).
   227) 죄의 삯은 사망이요(롬 6:23).

97. 원죄가 어떻게 우리들의 실생활에 나타나게 됩니까?
답/ 원죄는 우리로 하여금 모든 종류의 현행죄를 범하게 합니다.
   228) 못된 나무가 나쁜 열매를 맺나니(마 7:17).

98. 현행죄란 무엇입니까?
답/ 우리의 생각과 욕망과 말과 행실에 있어서 하나님의 계명을 거슬러 행하는 모든 행동입니다.
   229) 마음에서 나오는 것은 악한 생각과 살인과 간음과 음란과 도적질과 거짓 증거와 훼방이니…(마 15:19).
   230) 욕심이 잉태한즉 죄를 낳고 죄가 장성한즉 사망을 낳느니라(약 1:15). (행위의 죄)
   231) 이러므로 사람이 선을 행할 줄 알고도 행하지 아니하면 죄

니라(약 4:17). (태만의 죄)

99. 우리가 어디서 죄로부터의 구원함을 발견할 수 있습니까?

답/ 구원은 복음에서만 얻을 수 있는데 그리스도께서 우리의 대리자로서 율법을 완성하시고 고난 받으시고 죽으신 것을 이 복음이 우리에게 말씀합니다.

232) 그리스도는 모든 믿는 자에게 의를 이루기 위하여 율법의 마침이 되시니라(롬 10:4).

233) 그리스도께서 우리를 위하여 저주를 받은바 되사 율법의 저주에서 우리를 속량하셨으니 기록된바 나무에 달린 자마다 저주 아래 있는 자라 하였음이라(갈 3:13).

2. 사도 신조

100. 신조란 무엇입니까?
답/ 신조란 우리들이 믿고 가르치는 것의 진술서입니다.
　※ 마 16:13-16 참고.

101. 이 교리문답서 중에서 간결한 신조가 무엇입니까?
답/ 사도 신조입니다.

102. 왜 이것을 사도 신조라 합니까?
답/ 성서 가운데 기록되어 있는 사도들의 가르침 혹은 신조를 간단히 기록한 진술서이기 때문입니다.

제1조 창조에 관하여
"전능하사 천지를 만드신 하나님 아버지를 내가 믿사오며"
　문/ 이것은 무슨 뜻입니까?

> 답/ 하나님께서 나와 다른 모든 창조물을 만드신 것을 나는 믿습니다. 또 하나님께서는 나에게 육신과 영혼, 눈, 귀, 기타 모든 신체의 부분과 이성(理性)과 감각을 주셨고 항상 이 모든 것을 보호하시며 동시에 의복과 신을 것과 음식과 집과 가정과 처자와 전토와 가축과 그밖에 모든 물건을 주시며 몸과 영에 필요한 것을 때때로 풍족하게 주십니다. 위험한 자리에서 나를 지키시고 불행 중에서 보호하시며 건지십니다. 비록 나에게는 아무 받을 만한 가치나 공이 없으되 아버지 하나님께서는 그의 긍휼하심과 은총으로 이 모든 것을 베풀어 주십니다. 그러므로 무슨 일을 하든지 감사와 찬양과 봉사와 복종으로 그에게 대함이 나의 당연한 의무임을 나는 믿습니다. 이것은 진실로 진리입니다.

103. "하나님을 믿사오며"라는 고백의 뜻이 무엇입니까?

답/ 하나님에 관하여 성서에 기록한 것을 진리로 알고 받으며 또는 전적으로 하나님을 신뢰하며 의지한다는 뜻입니다.

234) 듣지도 못한 일을 어찌 믿으리요(롬 10:14).

235) 그러므로 믿음은 들음에서 나며 들음은 그리스도의 말씀으로 말미암았느니라(롬 10:17).

236) 믿음은 바라는 것들의 실상이요 보지 못하는 것들의 증거니(히 11:1).

237) 여호와여 그러하여도 나는 주께 의지하고 말하기를 주는 내 하나님이시라 하였나이다(시 31:14).

238) 너의 길을 여호와께 맡기라 저를 의지하면 저가 이루시고(시 37:5).

239) 네가 하나님이 한 분이신 줄을 믿느냐 잘하는도다 귀신들

도 믿고 떠느니라(약 2:19).

※ 눅 7:1-10; 요 4:47-53; 마 15:21-28 참고.

104. 신조 중 "우리가 믿는다" 대신에 "내가 믿는다"라고 고백하는 이유가 무엇입니까?

답/ 각자 자신이 믿어야 한다는 것으로 다른 사람의 신앙으로써는 구원 받을 자가 없다는 뜻입니다.

240) 의인은 그 믿음으로 말미암아 살리라(합 2:4).

241) 네 믿음이 너를 구원하였으니 평안히 가라 하시니라(눅 7:50).

※ 마 25:8-12 참고.

105. 신조 중에 삼위 가운데 첫 위를 "아버지"라 부르는 이유가 무엇입니까?

답/ 그는 내 주 예수 그리스도의 아버지이시며 동시에 내 아버지이시기 때문입니다.

242) 내가 내 아버지 곧 너희 아버지, 내 하나님 곧 너희 하나님께로 올라간다 하라(요 20:17).

243) 우리는 한 아버지를 가지지 아니하였느냐 한 하나님의 지으신 바가 아니냐(말 2:10).

(주) 갈 3:16.

244) 이러하므로 내가 하늘과 땅에 있는 각 족속에게 이름을 주신 아버지 앞에 무릎을 꿇고 비노니(엡 3:14-15).

(1) 창조(創造)

106. 어찌하여 하나님을 "전능자"와 "창조주"라 합니까?
답/ 그가 전능하신 말씀으로 아무 것도 없는 가운데서 모든 것을 만드신 까닭입니다.

245) 태초에 하나님이 천지를 창조하시니라(창 1:1).

246) 믿음으로 모든 세계가 하나님의 말씀으로 지어진 줄을 우리가 아나니 보이는 것은 나타난 것으로 말미암아 된 것이 아니니라(히 11:3).

※ 창 1-2장 참고.

107. "천지(天地)"라 함은 무슨 뜻입니까?
답/ 눈에 보이는 것과 보이지 아니하는 모든 창조물을 말합니다.

247) 만물이 그에게 창조되되 하늘과 땅에서 보이는 것들과 보이지 않는 것들이 다…(골 1:16).

(2) 천사(天使)들

108. 보이지 않는 창조물 가운데 첫째는 무엇입니까?
답/ 천사입니다.

109. 천사는 몇 가지가 있습니까?
답/ 선한 천사와 악한 천사가 있습니다.

110. 선한 천사에 관하여 성서에는 어떻게 가르쳤습니까?
답/ (가) 선한 천사들은 하늘의 행복을 좇는 거룩한 영들이며

248) 모든 천사들은 부리는 영으로서 구원 얻을 후사들을 위하

여 섬기라고 보내심이 아니뇨(히 1:14).

249-1) 인자가 자기 영광으로 모든 천사와 함께 올 때에 자기 영광의 보좌에 앉으리니(마 25:31).

249-2) 저희 천사들이 하늘에서 하늘에 계신 내 아버지의 얼굴을 항상 뵈옵느니라(마 18:10).

(나) 그 수는 많고 큰 힘을 가졌으며

250) 홀연히 허다한 천군이 그 천사와 함께 있어…(눅 2:13).

251) 그에게 수종하는 자는 천천이요 그 앞에 시위한 자는 만만이며…(단 7:10).

252) 능력이 있어 여호와의 말씀을 이루며 그 말씀의 소리를 듣는 너희 천사여 여호와를 송축하라(시 103:20).

※ 왕하 19:35; 6:15-17 참고.

(다) 하나님을 찬양하며 그의 명령을 수행하며 신자와 특별히 아이들을 섬깁니다.

253) 능력이 있어 여호와의 말씀을 이루며 그 말씀의 소리를 듣는 너희 천사여 여호와를 송축하라 여호와를 봉사하여 그 뜻을 행하는 너희 모든 천군이여 여호와를 송축하라(시 103:20-21).

254) 모든 천사들은 부리는 영으로서 구원 얻을 후사들을 위하여 섬기라고 보내심이 아니뇨(히 1:14).

255) 저가 너를 위하여 그 사자들을 명하사 네 모든 길에 너를 지키게 하심이라 저희가 그 손으로 너를 붙들어 발이 돌에 부딪치지 않게 하리로다(시 91:11-12).

※ 눅 2:13-14; 행 12:5-11; 단 6장; 눅 16:22 참고.

111. 악한 천사 혹은 마귀에 관하여 성서는 무엇이라고 말씀하셨습니까?

답/ (가) 본래는 거룩하게 창조함을 받은 영이었으나 그후 범죄하였으므로 하나님께 영원히 배척을 받았고

256) 하나님이 범죄한 천사들을 용서치 아니하시고 지옥에 던져 어두운 구덩이에 두어 심판 때까지 지키게 하셨으며(벧후 2:4).

(나) 교활하고 힘차고 또한 많은 수이며

257) 우리의 씨름은 혈과 육에 대한 것이 아니요 정사와 권세와 이 어두움의 세상 주관자들과 하늘에 있는 악의 영들에게 대함이라(엡 6:12).

258) 이에 물으시되 네 이름이 무엇이냐 가로되 내 이름은 군대니 우리가 많음이니이다 하고(막 5:9).

(주) 고후 11:13-14.

(다) 하나님과 인간의 원수이며 하나님의 일을 파괴하기를 힘쓰는 자입니다.

259) 너희는 너희 아비 마귀에게서 났으니 너희 아비의 욕심을 너희도 행하고자 하느니라 저는 처음부터 살인한 자요 진리가 그 속에 없으므로 진리에 서지 못하고 거짓을 말할 때마다 제 것으로 말하나니 이는 저가 거짓말장이요 거짓의 아비가 되었음이니라(요 8:44).

260) 근신하라 깨어라 너희 대적 마귀가 우는 사자 같이 두루 다니며 삼킬 자를 찾나니 너희는 믿음을 굳게 하여 저를 대적하라(벧전 5:8-9).

※ 창 3:1-5; 욥 2장; 마 4:1-11 참고.

(3) 인간(人間)

112. 눈에 보이는 창조물의 첫째는 무엇입니까?

답/ 보이는 창조물의 첫째는 사람이니 태초에 하나님께서 친히 사람을 만드셨고 그에게 이성적(理性的) 혼(魂)을 주셨고 그로 하여금 세상을 다스리게 하였고 더욱이 하나님 자신의 형상대로 사람을 창조하셨습니다.

261) 여호와 하나님이 흙으로 사람을 지으시고 생기를 그 코에 불어 넣으시니 사람이 생령이 된지라(창 2:7).

262) 하나님이 가라사대 우리의 형상을 따라 우리의 모양대로 우리가 사람을 만들고 그로 바다의 고기와 공중의 새와 육축과 온 땅과 땅에 기는 모든 것을 다스리게 하자 하시고 하나님이 자기 형상 곧 하나님의 형상대로 사람을 창조하시되 남자와 여자를 창조하시고(창 1:26-27).

113. 하나님의 형상이란 무엇입니까?

답/ (가) 하나님의 형상이란 사람이 하나님을 알던 것과 이 지식에 좇아 완전히 행복하였던 것입니다.

263) 새 사람을 입었으니 이는 자기를 창조하신 자의 형상을 좇아 지식에까지 새롭게 하심을 받는 자니라(골 3:10).

(나) 또한 사람이 완전히 거룩하고 축복 받았던 때였습니다.

264) 하나님을 따라 의와 진리의 거룩함으로 지으심을 받은 새 사람을 입으라(엡 4:24).

114. 사람이 지금도 하나님의 형상을 가졌습니까?
답/ 사람이 죄로 타락했을 때에 하나님의 형상을 잃었습니다. 신자에게 있어서는 이 형상의 갱신이 시작되었습니다. 그러나 하늘나라에서만 이 형상이 완전히 회복될 수 있습니다.

265) 아담이…자기 모양 곧 자기 형상과 같은 아들을 낳아 이름을 셋이라 하였고(창 5:3).

266) 나는 의로운 중에 주의 얼굴을 보리니 깰 때에 주의 형상으로 만족하리이다(시 17:15).

115. 제1조의 설명에 있어서 당신은 당신의 창조에 관하여 무엇을 고백합니까?
답/ 하나님께서 나와 또한 모든 창조물을 지으신 것을 믿으며 그가 내게 몸과 혼과 눈, 귀, 신체의 각 부분과 이성과 모든 감각을 주신 것을 믿습니다.

267) 주께서 내 장부를 지으시며 나의 모태에서 나를 조직하셨나이다 내가 주께 감사하옴은 나를 지으심이 신묘만측하심이라 주의 행사가 기이함을 내 영혼이 잘 아나이다(시 139:13-14).

(4) 하나님의 보존 역할

116. 하나님께서는 당신과 모든 창조물을 위하여 무엇을 지금까지 행하십니까?
답/ 나와 모든 창조물을 끊임없이 보호하고 계십니다.

268) 여호와여 주는 사람과 짐승을 보호하시나이다(시 36:6).

269) 그의 능력의 말씀으로 만물을 붙드시며…(히 1:3).

117. 하나님께서 당신을 어떻게 지키십니까?

답/ (가) 하나님께서는 나에게 의복과 신을 것과 음식과 가족과 땅과 가축과 그밖에 모든 물건을 주시며 영육간에 필요한 것을 시시로 풍부하게 보급하시며

270) 중생의 눈이 주를 앙망하오니 주는 때를 따라 저희에게 식물을 주시며 손을 펴사 모든 생물의 소원을 만족케 하시나이다 (시 145:15-16).

271) 너희 염려를 다 주께 맡겨 버리라 이는 저가 너희를 권고 하심이니라(벧전 5:7).

※ 창 9:1-3; 신 8:3-4; 왕상 17장 참고.

(주) 시 104편; 147편.

(나) 모든 위험과 악마에게서부터 나를 지키십니다.

272) 참새 두 마리가 한 앗사리온에 팔리는 것이 아니냐 그러나 너희 아버지께서 허락지 아니하시면 그 하나라도 땅에 떨어지지 아니하느라 너희에게는 머리털까지 다 세신바 되었나니(마 10:29-30).

273) 화가 네게 미치지 못하며 재앙이 네 장막에 가까이 오지 못하리니(시 91:10).

274) 당신들은 나를 해하려 하였으나 하나님은 그것을 선으로 바꾸사 오늘과 같이 만민의 생명을 구원하게 하시려 하셨나니(창 50:20).

275) 너의 길을 여호와께 맡기라 저를 의지하면 저가 이루시고 (시37:5).

276) 내 시대가 주의 손에 있사오니…(시 31:15).

※ 창 19장; 출 13:14 참고.

118. 하나님께서 어떠한 동기로 당신을 위하여 이러한 일을 하십니까?

답/ 나에게 어떤 공로나 가치가 있어서가 아니라 순전히 아버지로서의(하나님의) 선하심과 자비로써 입니다.

277) 아비가 자식을 불쌍히 여김 같이 여호와께서 자기를 경외하는 자를 불쌍히 여기시나니(시 103:13).

278) 나는 주께서 주의 종에게 베푸신 모든 은총과 모든 진리를 조금이라도 감당할 수 없사오나…(창 32:10).

※ 눅 7:6-7 참고.

119. 이 모든 것을 위하여 당신은 무엇을 하늘 아버지에게 돌릴 것입니까?

답/ 하나님에게 감사하며 그를 찬양하며 섬기며 복종할 것이 나의 책임입니다.

279) 여호와께 감사하라 저는 선하시며 그 인자하심이 영원함이로다(시 118:1).

280) 여호와께서 내게 주신 모든 은혜를 무엇으로 보답할꼬(시 116:12).

120. "이것은 진실로 진리입니다"라고 결론을 짓는 이유가 무엇입니까?

답/ 내가 이 조항 가운데 고백한 모든 것은 성서 중에 분명히 가르친 것이므로 내가 확실하게 믿는다는 것입니다.

제2조 속죄에 관하여

"그의 외아들 우리 주 예수 그리스도를 믿사오니 이는 성령으로 잉태하사 동정녀 마리아에게 나시고 본디오 빌라도에게 고난을 받으사 십자가에 못 박혀 죽으시고 장사하여 음부에 내리신지 삼 일 만에 죽은 자 가운데서 다시 살아나시며 하늘에 오르사 전능하신 하나님 아버지 우편에 앉아 계시다가 저리로부터 산 자와 죽은 자를 심판하러 오시리라."

문/ 이것은 무슨 뜻입니까?
답/ 참 신이시며 영원한 하늘 아버지의 독생자이시며 참 인간으로 동정녀 마리아에게서 나신 내 주 예수 그리스도를 나는 믿습니다.

예수 그리스도는 나와 모든 잃은 자와 심판 받을 창생들을 속죄하셨으며 죄와 사망과 마귀의 권세 가운데서 나를 사서 건져 주셨으니 이는 금이나 은으로 산 것이 아니라 그의 거룩하고 귀한 보혈과 무죄한 고난과 죽음으로 하셨습니다. 그러므로 나는 그의 것이요, 그의 나라에서 그를 위하여 살며 그가 죽음에서 다시 살아나셔서 영원히 통치하심과 같이 나도 영원한 의와 순결과 축복 중에서 그를 섬깁니다. 이것은 진실로 진리입니다.

(1) 예수와 그리스도의 명칭

121. 이 제2조 가운데는 누구를 취급하였습니까?
답/ 예수 그리스도입니다.

122. 왜 그를 "예수"라 부릅니까?
답/ 단지 그만이 전인류의 구주이시기 때문입니다.

281) 아들을 낳으리니 이름을 예수라 하라 이는 그가 자기 백성을 저희 죄에서 구원할 자이심이라(마 1:21).

282) 다른 이로서는 구원을 얻을 수 없나니 천하 인간에 구원을 얻을 만한 다른 이름을 우리에게 주신 일이 없음이니라(행 4:12).

123. 왜 그를 "그리스도"라 부릅니까?

답/ 그를 그리스도 혹은 메시아(구약 예언자들이 미리 말한 것과 같이), 즉 기름부은 자라 함은 성령께서 그에게 한량없이 기름을 부은 까닭입니다.

283) 그러므로 하나님 곧 왕의 하나님이 즐거움의 기름으로 왕에게 부어 왕의 동류보다 승하게 하셨나이다(시 45:7).

284) 하나님이 나사렛 예수에게 성령과 능력을 기름붓듯 하셨으매(행 10:38).

285) 하나님이 성령을 한량 없이 주심이니라(요 3:34).

(주) 요 20:28; 사 59:20; 눅 2:11; 요 1:14; 마 16:16; 25:31; 출 14:19; 마 1:23.

124. 당신이 예수 그리스도를 믿는다고 고백하는 그 뜻이 무엇입니까?

답/ 성서 중에 기록된 그리스도를 나 자신의 구주로 알고 또한 받으며 나의 구원을 위하여 다만 그분만을 신뢰한다는 뜻입니다.

286) 영생은 곧 유일하신 참 하나님과 그의 보내신 자 예수 그리스도를 아는 것이니이다(요 17:3).

287) 아들을 순종치 아니하는 자는 영생을 보지 못하고 도리어 하나님의 진노가 그 위에 머물러 있느니라(요 3:36).

288) 나의 의뢰한 자를 내가 알고 또한 나의 의탁한 것을 그날

까지 저가 능히 지키실 줄을 확신함이라(딤후 1:12).

(2) 예수 그리스도의 두 성품(性品)

125. 예수 그리스도는 누구입니까?
답/ 예수 그리스도는 참 신이시니 영원 중에 성부께서 그를 낳으셨고 동시에 참 사람이시니 동정녀 마리아에게서 나셨습니다.

126. 예수 그리스도를 참 신으로 믿는 이유가 무엇입니까?
답/ (가) 성서가 하나님에 관한 명사들을 그에게 돌리며
  289) 그는 참 하나님이시요 영생이시라(요일 5:20).
  290) 도마가 대답하여 가로되 나의 주시며 나의 하나님이시니이다(요 20:28).
  291) 구름 속에서 소리가 나서 가로되 이는 내 사랑하는 아들이요 내 기뻐하는 자니 너희는 저의 말을 들으라(마 17:5).
  292) 그리스도가 저희에게서 나셨으니 저는 만물 위에 계셔 세세에 찬양을 받으실 하나님이시니라(롬 9:5).

  (나) 하나님의 속성들을 그에게 돌리며
  293) 태초에 말씀이 계시니라 이 말씀이 하나님과 함께 계셨으니 이 말씀은 곧 하나님이시니라 그가 태초에 하나님과 함께 계셨고(요 1:1-2).
  294) 예수 그리스도는 어제나 오늘이나 영원토록 동일하시니라(히 13:8).
  295) 볼지어다 내가 세상 끝날까지 너희와 항상 함께 있으리라

하시니라(마 28:20).

(주) 마 18:20.

296) 주여 모든 것을 아시오매…(요 21:17).

297) 하늘과 땅의 모든 권세를 내게 주셨으니(마 28:18).

※ 요 1:48; 4:17-18; 눅 5:4-6; 요 21:6; 마 11:1-7; 눅 22:8-13; 마 26:20-25; 눅 18:31-33 참고.

(다) 하나님의 역사를 그에게 돌리며

298) 만물이 그로 말미암아 지은바 되었으니 지은 것이 하나도 그가 없이는 된 것이 없느니라(요 1:3).

299) 그의 능력의 말씀으로 만물을 붙드시며…(히1:3).

300) 그러나 인자가 세상에서 죄를 사하는 권세가 있는 줄을 너희로 알게 하려 하노라(마 9:6).

301) 또 인자됨을 인하여 심판하는 권세를 주셨느니라(요 5:27).

※ 요 2:1-11; 눅 8:22-25; 마 9:1-8; 요 11:38-44; 마 28:6-7 참고.

(라) 하나님의 명예와 영광을 그에게 돌립니다.

302) 이는 모든 사람으로 아버지를 공경하는 것 같이 아들을 공경하게 하려 하심이라 아들을 공경치 아니하는 자는 그를 보내신 아버지를 공경치 아니하느니라(요 5:23).

303) 하나님의 모든 천사가 저에게 경배할지어다(히 1:6).

(주) 빌 2:10; 계 5:12-13.

127. 예수 그리스도를 참 사람이라고 믿는 이유는 무엇입니까?
답/ (가) 성서가 명백하게 그를 사람이라 부르며

304) 하나님은 한 분이시요 또 하나님과 사람 사이에 중보도 한

분이시니 곧 사람이신 그리스도 예수라(딤전 2:5).

(나) 인간의 몸과 영을 그에게 돌리며
305) 내 손과 발을 보고 나인줄 알라 또 나를 만져보라 영은 살과 뼈가 없으되 너희 보는 바와 같이 나는 있느니라(눅 24:39).
306) 이에 말씀하시되 내 마음이 심히 고민하여 죽게 되었으니…(마 26:38).

(다) 인간의 감정과 행동을 그에게 돌립니다.
※ 막 4:38; 마 4:2; 요 19:28; 11:35; 마 26-27장 참고.

128. 그리스도 안에 연합된 두 본성(本性)은 어떤 것입니까?
답/ 신성과 인성이 연합되어 있나니 이 두 본성은 분할되지 않고 또한 분리하지 못할 몸입니다.
307) 말씀이 육신이 되어 우리 가운데 거하시매 우리가 그 영광을 보니 아버지의 독생자의 영광이요 은혜와 진리가 충만하더라(요 1:14).
308) 크도다 경건의 비밀이여, 그렇지 않다 하는 이 없도다 그는 육신으로 나타난바 되시고…(딤전 3:16).
309) 그 안에는 신성의 모든 충만이 육체로 거하시고(골 2:9).
310) 이는 한 아기가 우리에게 났고 한 아들을 우리에게 주신바 되었는데 그 어깨에는 정사를 메었고 그 이름은 기묘자라, 모사라, 전능하신 하나님이라, 영존하시는 아버지라, 평강의 왕이라 할 것임이라(사 9:6).
311) 하늘과 땅의 모든 권세를 내게 주셨으니(마 28:18).
312) 볼지어다 내가 세상 끝날까지 너희와 항상 함께 있으리라

(마 28:20).

313) 생명의 주를 죽였도다 그러나…(행 3:15).

314) 그 아들 예수의 피가 우리를 모든 죄에서 깨끗하게 하실 것이요(요일 1:7).

129. 우리 구주께서 참 사람이 되어야 할 필요가 무엇입니까?
답/ (가) 그가 율법 아래 있는 우리들의 자리를 취하시기 위함이며

315) 때가 차매 하나님이 그 아들을 보내사 여자에게서 나게 하시고 율법 아래 나게 하신 것은 율법 아래 있는 자들을 속량하시고 우리로 아들의 명분을 얻게 하려 하심이라(갈 4:4-5).

(나) 우리 대신에 고난을 받으시고 죽으시기 위하여서 입니다.

316) 자녀들은 혈육에 함께 속하였으매 그도 또한 한 모양으로 혈육에 함께 속하심은 사망으로 말미암아 사망의 세력을 잡은 자 곧 마귀를 없이 하시며(히 2:14).

130. 우리 구주께서 참 하나님이 되어야 할 필요가 무엇입니까?
답/ (가) 그로 말미암은 율법의 완성이 모든 사람을 위하여 충분히 이루기 위하여

317) 아무도 결코 그 형제를 구속하지 못하며 저를 위하여 하나님께 속전을 바치지도 못할 것임이라 저로 영존하여 썩음을 보지 않게 못하리니(시 49:7-9).

318) 한 사람의 순종하심으로 많은 사람이 의인이 되리라(롬 5:19).

(나) 그의 생명과 죽음이 우리의 구원을 위하여 충분한 배상이

되기 위하여

319) 인자의 온 것은 섬김을 받으려 함이 아니라 도리어 섬기려 하고 자기 목숨을 많은 사람의 대속물로 주려 함이니라(막 10:45).

(다) 그가 우리를 위하여 죽으시고 마귀를 이기기 위하여서 입니다.

320) 저는 사망을 폐하시고…(딤후 1:10).

321) 자녀들은 혈육에 함께 속하였으매 그도 또한 한 모양으로 혈육에 함께 속하심은 사망으로 말미암아 사망의 세력을 잡은 자 곧 마귀를 없이 하시며(히 2:14).

322) 우리 주 예수 그리스도로 말미암아 우리에게 이김을 주시는 하나님께 감사하노니(고전 15:57).

131. 하나님이시요 인간이신 그리스도에 대하여 당신은 무엇을 고백하십니까?

답/ 예수 그리스도께서 내 주요, 구주되시는 것을 믿습니다.

(3) 그리스도의 임무

132. 그리스도께서는 어떠한 세 가지 직무를 위하여 기름부음을 받으셨습니까?

답/ 나의 예언자로서 제사장으로서 또는 왕으로서 기름부음을 받으셨습니다.

(가) 나의 예언자로서 그 자신을 말과 행함으로써 나타내셨고 또한 복음의 선포를 통하여 그가 하나님의 아들 되심과 구세주이심을

지금도 나타내십니다.

  323) 네 하나님 여호와께서 너의 중 네 형제 중에서 나와 같은 선지자 하나를 너를 위하여 일으키시리니 너희는 그를 들을지니라(신 18:15).

  324) 이는 내 사랑하는 아들이요 내 기뻐하는 자니 너희는 저의 말을 들으라(마 17:5).

  325) 율법은 모세로 말미암아 주신 것이요 은혜와 진리는 예수 그리스도로 말미암아 온 것이라 본래 하나님을 본 사람이 없으되 아버지 품속에 있는 독생하신 하나님이 나타내셨느니라(요 1:17-18).

  326) 너희 말을 듣는 자는 곧 내 말을 듣는 것이요 너희를 저버리는 자는 곧 나를 저버리는 것이요 나를 저버리는 자는 나 보내신 이를 저버리는 것이라(눅 10:16).

  (나) 그리스도께서 나의 제사장으로서 나 대신에 율법을 완전히 완성하셨고 나를 위하여 그 자신을 희생하셨고 아직까지 그의 하늘 아버지와 나 사이에 중재를 서십니다.

  327) 때가 차매 하나님이 그 아들을 보내사 여자에게서 나게 하시고 율법 아래 나게 하신 것은 율법 아래 있는 자들을 속량하시고 우리로 아들의 명분을 얻게 하려 하심이라(갈 4:4-5).

  328) 성경대로 그리스도께서 우리 죄를 위하여 죽으시고(고전 15:3).

  329) 이러한 대제사장은 우리에게 합당하니 거룩하고 악이 없고 더러움이 없고 죄인에게서 떠나 계시고 하늘보다 높이 되신 자라 저가 저 대제사장들이 먼저 자기 죄를 위하고 다음에 백성의 죄를 위하여 날마다 제사 드리는 것과 같이 할 필요가 없으니 이는

저가 단번에 자기를 드려 이루셨음이니라(히 7:26-27).

330) 만일 누가 죄를 범하면 아버지 앞에서 우리에게 대언자가 있으니 곧 의로우신 예수 그리스도시라 저는 우리 죄를 위한 화목 제물이니 우리만 위할뿐 아니요 온 세상의 죄를 위하심이라(요일 2:1-2).

(다) 나의 왕으로서의 그리스도께서는 그의 전능하신 힘으로 모든 창조물을 주관하시며 그의 교리를 다스리시고 보호하시며 마침내 이를 영광으로 인도하십니다.

331) 하늘과 땅의 모든 권세를 내게 주셨으니(마 28:18).

332) 예수께서 대답하시되 내 나라는 이 세상에 속한 것이 아니라 만일 내 나라가 이 세상에 속한 것이었더면 내 종들이 싸워 나로 유대인들에게 넘기우지 않게 하였으리라 이제 내 나라는 여기에 속한 것이 아니니라 빌라도가 가로되 그러면 네가 왕이 아니냐 예수께서 대답하시되 네 말과 같이 내가 왕이니라 내가 이를 위하여 났으며 이를 위하여 세상에 왔나니 곧 진리에 대하여 증거하려 함이로라 무릇 진리에 속한 자는 내 소리를 듣느니라(요 18:36-37).

(주) 마 16:18.

333) 주께서 나를 모든 악한 일에서 건져내시고 또 그의 천국에 들어가도록 구원하시리니 그에게 영광이 세세 무궁토록 있을지어다 아멘(딤후 4:18).

133. 그리스도의 속죄 사업에 있어서 어떤 두 가지 상태를 구분합니까?

답/ 치욕과 영광의 상태입니다.

(4) 치욕 혹은 겸비의 상태에 있는 구주

134. 그리스도께서 어떠한 점에 있어서 치욕상태에 있었습니까?

답/ 그리스도께서 치욕상태에 있었다 함은 그 인간성에 따라서 그의 인간성에 연결된 하나님의 속성을 전적으로 또는 항상 쓰지 않으셨다는 것입니다.

334) 너희 안에 이 마음을 품으라 곧 그리스도 예수의 마음이니 그는 근본 하나님의 본체시나 하나님과 동등됨을 취할 것으로 여기지 아니하시고 오히려 자기를 비어 종의 형체를 가져 사람들과 같이 되었고 사람의 모양으로 나타나셨으매 자기를 낮추시고 죽기까지 복종하셨으니 곧 십자가에 죽으심이라(빌 2:5-8).

※ 요 2:11; 11:40; 18:6 참고.

135. 그리스도의 치욕상태를 사도 신조 제2조 중에는 무슨 말로 서술하였습니까?

답/ "성령으로 잉태하사 동정녀 마리아에게 나시고 본디오 빌라도에게 고난을 받으사 십자가에 못 박혀 죽으시고 장사하여"

136. 그리스도의 잉태하심에 관하여 성서는 어떻게 가르치고 있습니까?

답/ 성서가 가르치기를 성령의 기적적 역사로 하나님의 아들이신 그리스도께서 동정녀 마리아를 통하여 인간의 몸과 영을 받으셨다 합니다.

335) 성령이 네게 임하시고 지극히 높으신 이의 능력이 너를 덮으시리니 이러므로 나실바 거룩한 자는 하나님의 아들이라 일컬으리라(눅 1:35).

336) 다윗의 자손 요셉아 네 아내 마리아 데려오기를 무서워 말라 저에게 잉태된 자는 성령으로 된 것이라(마 1:20).

137. 그리스도의 나심에 관하여 성서는 어떻게 가르칩니까?
답/ 그리스도께서 참 사람으로서 동정녀 마리아에게 나신 것을 가르칩니다.

337) 보라 처녀가 잉태하여 아들을 낳을 것이요 그 이름을 임마누엘이라 하리라(사 7:14).
※ 마 1:18 참고.
338) 이는 한 아기가 우리에게 났고 한 아들을 우리에게 주신바 되었는데…(사 9:6).
339) 해산할 날이 차서 맏아들을 낳아 강보로 싸서 구유에 뉘었으니 이는 사관에 있을 곳이 없음이러라(눅 2:7).

138. 그리스도의 고난과 죽음에 관하여 성서는 어떻게 가르칩니까?
답/ (가) 그리스도께서 세상에 사시는 동안 빈궁과 경멸과 박해로써 괴로움을 받으셨다고 하며

340) 우리 주 예수 그리스도의 은혜를 너희가 알거니와 부요하신 자로서 너희를 위하여 가난하게 되심은 그의 가난함을 인하여 너희로 부요케 하려 하심이니라(고후 8:9).
341) 여우도 굴이 있고 공중의 새도 거처가 있으되 오직 인자는 머리 둘 곳이 없다 하시더라(마 8:20).
342) 그는 멸시를 받아서 사람에게 싫어버린바 되었으며 간고를 많이 겪었으며 질고를 아는 자라 마치 사람들에게 얼굴을 가리우고 보지 않음을 받는 자 같아서 멸시를 당하였고 우리도 그를 귀히 여기지 아니하였도다(사 53:3).

343) 지금 하나님께 들은 진리를 너희에게 말한 사람인 나를 죽이려 하는도다(요 8:40).
※ 눅 2:7; 마 2:13; 눅 4:29; 요 8:59 참고.

(나) 본디오 빌라도에게 몸과 마음의 극단적 고민을 받으셨다고 하며

344) 이에 빌라도가 예수를 데려다가 채찍질하더라 군병들이 가시로 면류관을 엮어 그의 머리에 씌우고 자색 옷을 입히고 앞에 와서 가로되 유대인의 왕이여 평안할지어다 하며 손바닥으로 때리더라(요 19:1-3).

345) 이에 예수를 십자가에 못 박히게 저희에게 넘겨주니라 저희가 예수를 맡으매 예수께서 자기의 십자가를 지시고 해골(히브리어 말로 골고다)이라 하는 곳에 나오시니 저희가 거기서 예수를 십자가에 못 박을새(요 19:16-18).
(주) 시 22:6-8, 14-16; 69:17-21.

346) 제 구시 즈음에 예수께서 크게 소리질러 가라사대 엘리 엘리 라마 사박다니 하시니 이는 곧 나의 하나님, 나의 하나님, 어찌하여 나를 버리셨나이까 하는 뜻이라(마 27:46).

(다) 저주 받은 십자가 상에서 죽으셨다고 합니다.
347) 머리를 숙이시고 영혼이 돌아가시니라(요 19:30).
348) 나무에 달린 자마다 저주 아래 있는 자라 하였음이라(갈 3:13).

139. 그리스도의 장사에 관하여 성서는 어떻게 가르칩니까?
답/ 부패함이나 쇠약함을 보지 않고 그의 몸이 무덤에서 셋째 날

까지 머물렀습니다.

    349) 하나님의 살리신 이는 썩음을 당하지 아니하였나니(행 13:37).

(5) 그리스도의 구속 혹은 속죄

140. 무슨 목적으로 그리스도께서는 그와 같이 자신을 겸비케 하셨습니까?
답/ 잃어버렸고 정죄받은 나를 구속하시기 위하여 자기 자신을 겸비케 하셨습니다.

141. 그리스도께서 무엇으로부터 당신을 구속하셨습니까?
답/ 모든 죄와 사망과 마귀의 권세로부터 구속하셨습니다.

142. 그리스도께서 어떻게 당신을 모든 죄에서 구속하셨습니까?
답/ (가) 그리스도께서 나의 모든 죄를 지시고 나의 모든 벌을 대신 받으셨으며

    350) 한 사람의 순종하심으로 많은 사람이 의인이 되리라(롬 5:19).

    351) 하나님이 죄를 알지도 못하신 자로 우리를 대신하여 죄를 삼으신 것은 우리로 하여금 저의 안에서 하나님의 의가 되게 하려 하심이니라(고후 5:21).

    352) 보라 세상 죄를 지고 가는 하나님의 어린 양이로다(요 1:29).

    353) 그리스도께서 우리를 위하여 저주를 받은바 되사 율법의

저주에서 우리를 속량하셨으니 기록된바 나무에 달린 자마다 저주 아래 있는 자라 하였음이라(갈 3:13).

(나) 죄와 고역으로부터 나를 자유롭게 하셨습니다.

354) 친히 나무에 달려 그 몸으로 우리 죄를 담당하셨으니 이는 우리로 죄에 대하여 죽고 의에 대하여 살게 하려 하심이라 저가 채찍에 맞음으로 너희는 나음을 얻었나니(벧전 2:24).

355) 진실로 진실로 너희에게 이르노니 죄를 범하는 자마다 죄의 종이라…그러므로 아들이 너희를 자유케 하면 너희가 참으로 자유하리라(요 8:34, 36).

143. 그리스도께서 어떻게 당신을 사망으로부터 구속하셨습니까?
답/ 그리스도께서 사망을 이기셨으매 내가 임시적인 죽음을 두려워할 필요가 없으며 동시에 영원한 사망이 나에게 대하여 아무 힘도 없습니다.

356) 자녀들은 혈육에 함께 속하였으매 그도 또한 한 모양으로 혈육에 함께 속하심은 사망으로 말미암아 사망의 세력을 잡은 자 곧 마귀를 없이 하시며 또 죽기를 무서워하므로 일생에 매여 종 노릇 하는 모든 자들을 놓아주려 하심이니(히 2:14-15).

357) 사망아 너의 이기는 것이 어디 있느냐 사망아 너의 쏘는 것이 어디 있느냐 사망의 쏘는 것은 죄요 죄의 권능은 율법이라 우리 주 예수 그리스도로 말미암아 우리에게 이김을 주시는 하나님께 감사하노니(고전 15:55-57).

358) 우리 구주 그리스도 예수…저는 사망을 폐하시고 복음으로써 생명과 썩지 아니할 것을 드러내신지라(딤후 1:10).

144. 그리스도께서 어떻게 당신을 마귀의 권세에서 구하셨습니까?
답/ 그리스도께서 마귀를 이기셔서 정복하셨으매 마귀가 나를 계속하여 견책할 수 없고 나는 그의 시험을 이길 수 있습니다.

359) 내가 너로 여자와 원수가 되게 하고 너희 후손도 여자의 후손과 원수가 되게 하리니 여자의 후손은 네 머리를 상하게 할 것이요 너는 그의 발꿈치를 상하게 할 것이니라(창 3:15).

360) 하나님의 아들이 나타나신 것은 이는 마귀의 일을 멸하려 하심이니라(요일 3:8)

361) 마귀를 대적하라 그리하면 너희를 피하리라(약 4:7).

(주) 골 2:15; 롬 8:31-34; 계 12:10; 벧전 5:8-9.

145. 그리스도께서 무엇으로써 당신을 속량(贖良)하셨습니까?
답/ 그가 나를 속량하신 것은 금이나 은으로가 아니요 그의 거룩하고 귀중한 피와 무죄한 고난과 죽음으로 입니다.

362) 너희가 알거니와 너희 조상의 유전한 망령된 행실에서 구속된 것은 은이나 금같이 없어질 것으로 한 것이 아니요 오직 흠 없고 점 없는 어린 양 같은 그리스도의 보배로운 피로 한 것이니라(벧전 1:18-19).

363) 그 아들 예수의 피가 우리를 모든 죄에서 깨끗하게 하실 것이요(요일 1:7).

364) 그가 채찍에 맞음으로 우리가 나음을 입었도다(사 53:5).

146. 이 속죄의 일이 당신에게 어떠한 유익을 줍니까?
답/ 그리스도께서 내가 받을 형벌과 죄를 위하여 대리자로서 보상하시어 속죄하셨습니다.

365) 하나님이 죄를 알지도 못하신 자로 우리를 대신하여 죄를

삼으신 것은 우리로 하여금 저의 안에서 하나님의 의가 되게 하려 하심이니라(고후 5:21).

366) 그는 실로 우리의 질고를 지고 우리의 슬픔을 당하였거늘 우리는 생각하기를 그는 징벌을 받아서 하나님에게 맞으며 고난을 당한다 하였노라 그가 찔림은 우리의 허물을 인함이요 그가 상함은 우리의 죄악을 인함이라 그가 징계를 받음으로 우리가 평화를 누리고 그가 채찍에 맞음으로 우리가 나음을 입었도다(사 53:4-5).

147. 그리스도께서는 당신만을 구원하시고 속죄하셔서 그의 것으로 만드셨습니까?

답/ 그리스도께서는 나와 또한 잃어 정죄함을 받은 전인류를 속죄하셨습니다.

367) 그리스도 예수께서 죄인을 구원하시려고 세상에 임하셨다 하였도다 죄인 중에 내가 괴수니라(딤전 1:15).

368) 인자가 온 것은 잃은 자를 구원하려 함이니라(마 18:11).

369) 보라 세상 죄를 지고 가는 하나님의 어린양이로다(요 1:29).

370) 저는 우리 죄를 위한 화목 제물이니 우리만 위할 뿐 아니요 온 세상의 죄를 위함이라(요일 2:2).

371) 저가 모든 사람을 대신하여 죽으심은…(고후 5:15).

372) 자기들을 사신 주를 부인하고 임박한 멸망을 스스로 취하는 자들이라(벧후 2:1).

(6) 영광 상태에 있는 구주

148. 그리스도께서는 어떠한 점에 있어서 영광 상태에 계십니까?
답/ 그리스도께서 영광 상태에 계신다 함은 그의 인간성에 따라 이에 연락된 하나님의 속성을 항상 또는 전적으로 쓰신다는 것입니다.

373) 이러므로 하나님이 그를 지극히 높여 모든 이름 위에 뛰어난 이름을 주사 하늘에 있는 자들과 땅에 있는 자들과 땅 아래 있는 자들로 모든 무릎을 예수의 이름에 꿇게 하시고 모든 입으로 예수 그리스도를 주라 시인하여 하나님 아버지께 영광을 돌리게 하셨느니라(빌 2:9-11).

149. 그리스도의 영광 상태를 사도 신조 제2조 중에는 무슨 말로써 서술하였습니까?
답/ 장사하여 음부에 내리신지 삼 일 만에 죽은 자 가운데서 다시 살아나시며 하늘에 오르사 전능하신 하나님 아버지 우편에 앉아 계시다가 저리로부터 산 자와 죽은 자를 심판하러 오시리라.

150. 그리스도께서 음부에 내려가신 데 대하여 성서는 무엇을 가르칩니까?
답/ 그리스도께서 무덤에서 다시 사신 것과 음부에 내려갔으나 고난을 받으시지 않고 그의 원수를 쳐서 승리하신 것을 선포하셨습니다.

374) 육체로는 죽임을 당하시고 영으로는 살리심을 받으셨으니 저가 또한 영으로 옥에 있는 영들에게 전파하시니라(벧전 3:18-19).

151. 그리스도의 부활에 관하여 성서는 어떻게 가르칩니까?
답/ 셋째 날 그가 무덤으로부터 승리 가운데 일어나셨고 그 자신이 사신 것을 그 제자들에게 보여 주셨습니다.

375) 하나님이 사흘 만에 다시 살리사 나타내시되 모든 백성에게 하신 것이 아니요 오직 미리 택하신 증인 곧 죽은자 가운데서 일어나신 후 모시고 음식을 먹은 우리에게 하신 것이라(행 10:40-41).

376) 장사 지낸바 되었다가 성경대로 사흘 만에 다시 살아나사 게바에게 보이시고 후에 열 두 제자에게와 그 후에 오백여 형제에게 일시에 보이셨나니 그 중에 지금까지 태반이나 살아 있고 어떤 이는 잠들었으며 그 후에 야고보에게 보이셨으며 그 후에 모든 사도에게와 맨 나중에 만삭되지 못하여 난 자 같은 내게도 보이셨느니라(고전 15:4-8).

377) 해 받으신 후에 또한 저희에게 확실한 많은 증거로 친히 사심을 나타내사 사십 일 동안 저희에게 보이시며 하나님 나라의 일을 말씀하시니라(행 1:3).

※ 마 27:62-66; 28장; 막 16장; 눅 24장; 요 20-21장 참고.

152. 그리스도의 부활이 그와 같이 우리에게 중요하고 위로가 되는 이유가 무엇입니까?
답/ 그리스도의 부활이 확증하는 것은
(가) 그가 하나님의 아들이심과
378) 성결의 영으로는 죽은 가운데서 부활하여 능력으로 하나님의 아들로 인정되셨으니 곧 우리 주 예수 그리스도시니라(롬 1:4).

(나) 그의 교리는 진리임과
379) 너희가 이 성전을 헐라 내가 사흘 동안에 일으키리라(요 2:19).

(다) 성부께서 세상과의 화목을 위하여 그의 아들을 제물로서 받으신 것과

380) 그리스도께서 다시 사신 것이 없으면 너희의 믿음도 헛되고 너희가 여전히 죄 가운데 있을 것이요(고전 15:17).

381) 예수는 우리 범죄함을 위하여 내어줌이 되고 또한 우리를 의롭다 하심을 위하여 살아나셨느니라(롬 4:25).

(라) 모든 신자들이 영원한 생명으로 소생할 것입니다.

382) 이는 내가 살았고 너희도 살겠음이라(요 14:19).

383) 예수께서 가라사대 나는 부활이요 생명이니 나를 믿는 자는 죽어도 살겠고 무릇 살아서 나를 믿는 자는 영원히 죽지 아니하리니(요 11:25-26).

153. 그리스도의 승천에 관하여 성서는 어떻게 가르칩니까?
답/ 그리스도께서 그의 인성(人性)에 의하여 볼 수 있게 승천하사 우리의 선구자로서 그의 아버지의 영광 중에 들어가신 것을 가르칩니다(히 6:20).

384) 내리셨던 그가 곧 모든 하늘 위에 오르신 자니 이는 만물을 충만케 하려 하심이니라(엡 4:10).

385) 아버지여 내게 주신 자도 나 있는 곳에 나와 함께 있어… 나의 영광을 저희로 보게 하시기를 원하옵나이다(요 17:24).

386) 내가 다시 와서 너희를 내게로 영접하여 나 있는 곳에 너희도 있게 하리라(요 14:3).

※ 눅 24:50-51; 행 1:9-11 참고.

154. 그리스도께서 전능하신 하나님 아버지 우편에 앉으신 것에

관하여 성서는 어떻게 가르칩니까?
답/ 그리스도께서 그의 인성(人性)에 의하여 하나님의 힘과 위엄으로 모든 것을 다스리시며 완성하심을 가르칩니다.

387) 그 능력이 그리스도 안에서 역사하사 죽은 자들 가운데서 다시 살리시고 하늘에서 자기의 오른편에 앉히사 모든 정사와 권세와 능력과 주관하는 자와 이 세상뿐 아니라 오는 세상에 일컫는 모든 이름 위에 뛰어나게 하시고 또 만물을 그 발 아래 복종하게 하시고 그를 만물 위에 교회의 머리로 주셨느니라 교회는 그의 몸이니 만물 안에서 만물을 충만케 하시는 자의 충만이니라(엡 1:20-23).

155. 그리스도께서 하나님의 우편에 앉으심으로부터 우리가 무슨 위로를 받습니까?
답/ 영광 받으시는 그리스도께서 우리에게 위로를 주시되
(가) 우리의 예언자로서의 그는 속죄의 복음을 전하기 위하여 사람(전도자)을 보내시며

388) 내리셨던 그가 곧 모든 하늘 위에 오르신 자니 이는 만물을 충만케 하려하심이니라 그가 혹은 사도로 혹은 선지자로 혹은 복음 전하는 자로 혹은 목사와 교사로 주셨으니 이는 성도를 온전케 하며 봉사의 일을 하게 하며 그리스도의 몸을 세우려하심이라(엡 4:10-12).
(주) 눅 7:16.

(나) 우리의 제사장으로서의 그는 우리를 하나님 앞에 중재하시며
389) 만일 누가 죄를 범하면 아버지 앞에서 우리에게 대언자가 있으니 곧 의로우신 예수 그리스도시라(요일 2:1).
390) 죽으실 뿐 아니라 다시 살아나신 이는 그리스도 예수시니

그는 하나님 우편에 계신 자요 우리를 위하여 간구하시는 자시니라(롬 8:34).

(다) 우리의 왕으로서의 그는 그의 교회를 다스리시며 보호하시며 교회의 머리로서의 그는 교회를 위하여 세상을 지배하십니다.
391) 주께서 내 주께 이르시되 내가 네 원수를 네 발 아래 둘 때까지 내 우편에 앉았으라 하셨도다(마 22:44; 시 110:1).
(주) 엡 1:20-23.

156. 그리스도께서 심판하러 오실 것에 대하여 성서는 어떻게 가르칩니까?
답/ (가) 그리스도께서 눈에 보이게 또한 영광 중에 다시 오실 것과
392) 너희 가운데서 하늘에 올리우신 이 예수는 하늘로 가심을 본 그대로 오시리라(행 1:11).
393) 볼지어다 구름을 타고 오시리라 각인의 눈이 그를 보겠고 그를 찌른 자들도 볼 터이요(계 1:7).
394) 인자가 자기 영광으로 모든 천사와 함께 올 때에 자기 영광의 보좌에 앉으리니(마 25:31).

(나) 그의 말씀으로 의롭게 세상을 심판하실 것과
395) 우리를 명하사 백성에게 전도하되 하나님이 산 자와 죽은 자의 재판장으로 정하신 자가 곧 이 사람인 것을 증거하게 하셨고(행 10:42).
396) 이는 우리가 다 반드시 그리스도의 심판대 앞에 드러나 각각 선악간에 그 몸으로 행한 것을 따라 받으려 함이라(고후 5:10).
397) 이는 정하신 사람으로 하여금 천하를 공의로 심판할 날을

작정하시고…(행 17:31).

398) 나의 한 그 말이 마지막 날에 저를 심판하리라(요 12:48).

(다) 사람에게는 알리지 않았으나 하나님께서 지정하신 마지막 날에 오실 것을 가르칩니다.

399) 천하를 공의로 심판할 날을 작정하시고…(행 17:31).

400) 그러나 그 날과 그 때는 아무도 모르나니 하늘에 있는 천사들도, 아들도 모르고 아버지만 아시느니라(막 13:32).

401) 주의 날이 도적 같이 오리니 그 날에는 하늘이 큰 소리로 떠나가고 체질이 뜨거운 불에 풀어지고 땅과 그 중에 있는 모든 일이 드러나리로다(벧후 3:10).

402) 번개가 동편에서 나서 서편까지 번쩍임 같이 인자의 임함도 그러하리라(마 24:27).

403) 만물의 마지막이 가까왔으니…(벧전 4:7).

※ 마 25:31-46; 24장; 살후 2장 참고.

157. 그리스도의 속죄 사업의 목적이 무엇입니까?

답/ 이 속죄 사업의 목적은

(가) 내가 지금은 그의 것이 되었으니 즉 하나님 앞에 잘못이 없고 의로운 것과

404) 일찍 죽임을 당하사…사람들을 피로 사서 하나님께 드리시고(계 5:9).

405) 너희는 너희의 것이 아니라(고전 6:19).

(나) 그의 나라와 그의 통치 아래 살면서 영원한 의와 결백과

축복 중에 그를 섬기며, 즉 활기있는 기독신자로서 기쁜 마음으로 그를 섬기며 그의 주신 복으로 즐거워하되 세상에서와 또는 내세, 즉 하늘나라에서 입니다.

406) 내가 그리스도와 함께 십자가에 못 박혔나니 그런즉 이제는 내가 산 것이 아니요 오직 내 안에 그리스도께서 사신 것이라 이제 내가 육체 가운데 사는 것은 나를 사랑하사 나를 위하여 자기 몸을 버리신 하나님의 아들을 믿는 믿음 안에서 사는 것이라 (갈 2:20).

407) 우리로 원수의 손에서 건지심을 입고 종신토록 주의 앞에서 성결과 의로 두려움이 없이 섬기게 하리라(눅 1:74-75).

408) 저가 모든 사람을 대신하여 죽으심은 산 자들로 하여금 다시는 저희 자신을 위하여 살지 않고 오직 저희를 대신하여 죽었다가 다시 사신 자를 위하여 살게 함이니라(고후 5:15).

409) 우리는 그의 만드신바라 그리스도 예수 안에서 선한 일을 위하여 지으심을 받은 자니 이 일은 하나님이 전에 예비하사 우리로 그 가운데서 행하게 하려 하심이니라(엡 2:10).

(주) 눅 1:67-75; 롬 12:4-16.

158. 당신은 그리스도로 말미암아 얻은 속죄가 확실한 줄을 믿습니까?

답/ 진실로 믿습니다. 그리스도께서 사망에서 부활하여 사시며 영원토록 통치하심이 확실함과 같이 나의 속죄도 확실합니다.

159. "이것은 진실로 진리입니다"라고 결론을 짓는 이유는 무엇입니까?

답/ 내가 이 조항 가운데 고백한 모든 것은 성서 가운데 분명히 가르친 것으로 내가 확고하게 믿는다는 것입니다.

> **제3조 성화에 관하여**
>
> "성령을 믿사오며 거룩한 그리스도의 교회와 성도가 서로 사귀는 것과 죄를 사하여 주시는 것과 몸이 다시 사는 것과 영원히 사는 것을 믿사옵나이다. 아멘."
>
> 문/ 이것은 무슨 뜻입니까?
> 답/ 내 자신의 이성이나 힘으로써는 주 예수 그리스도를 내 구주로 믿을 수 없으며 또한 그에게로 올 수 없는 것을 믿습니다. 그러나 성령께서 복음을 통하여 나를 부르셨고 그의 은총으로 깨닫게 하였으며 거룩하게 하여 참 신앙 중에 나를 지키심을 믿습니다. 하나님께서 세상의 모든 교회를 불러 모으시고 깨닫게 하시고 성화시키시고 유일한 신앙 중에 예수 그리스도와 더불어 거하게 하심을 나는 믿습니다. 하나님께서는 교회에 있어서 매일 매일 나와 그리스도를 믿는 모든 자의 죄를 완전히 사하여 주시며 마지막 날에 다른 신자들과 같이 나를 죽은 자 가운데서 다시 살리사 영원한 생명으로 인도하실 것을 믿습니다. 이것은 진실로 진리입니다.

160. 이 조항 가운데 어떠한 다섯 가지 요점을 취급하였습니까?
   I. 성령에 관한 것.
   II. 교회 혹은 성도의 교제에 관한 것.
   III. 속죄에 관한 것.
   IV. 부활에 관한 것.
   V. 영생에 관한 것.

(1) 성령에 관한 것

1) 성령의 위(位)

161. 성령은 누구십니까?
답/ 성령은 성삼위 신의 제 3위시며 성부와 성자와 더불어 참 하나님이십니다.

   410) 그러므로 너희는 가서 모든 족속으로 제자를 삼아 아버지와 아들과 성령의 이름으로 세례를 주고(마 28:19).
   (주) 고전 2:10-11; 요 14:26.

162. 성령을 참 하나님으로 믿는 이유가 무엇입니까?
답/ 성서에 다음과 같이 성령에 대하여 기록되었습니다.

(가) 하나님에 관한 명사(名詞)
   411) 너희가 하나님의 성전인 것과 하나님의 성령이 너희 안에 거하시는 것을 알지 못하느뇨(고전 3:16).
   412) 베드로가 가로되 아나니아야 어찌하여 사탄이 네 마음에 가득하여 네가 성령을 속이고…사람에게 거짓말 한 것이 아니요 하나님께로다(행 5:3-4).

(나) 하나님의 속성
   413) 내가 주의 신을 떠나 어디로 가며 주의 앞에서 어디로 피하리이까 내가 하늘에 올라 갈지라도 거기 계시며 음부에 내 자리를 펼지라도 거기 계시니이다 내가 새벽 날개를 치며 바다 끝에 가서 거할지라도 곧 거기서도 주의 손이 나를 인도하시며 주

의 오른손이 나를 붙드시리이다(시 139:7-10). (遍在)

414) 성령은 모든 것 곧 하나님의 깊은 것이라도 통달하시느니라(고전 2:10). (全知)

415) 하물며 영원하신 성령으로 말미암아 흠 없는 자기를 하나님께 드린 그리스도의 피가 어찌 너희 양심으로 죽은 행실에서 깨끗하게 하고 살아계신 하나님을 섬기게 못하겠느뇨(히 9:14). (永遠)

(주) 마 28:19(聖).

(다) 하나님의 일

416) 여호와의 말씀으로 하늘이 지음이 되었으며 그 만상이 그 입기운으로 이루었도다(시 33:6). (創造)

417) 우리를 구원하시되…오직 그의 긍휼하심을 좇아 중생의 씻음과 성령의 새롭게 하심으로 하셨나니(딛 3:5). (聖化)

(라) 하나님의 명예와 영광

418) 영광의 영 곧 하나님의 영이 너희 위에 계심이라(벧전 4:14).

2) 성령의 역사(役事)

163. 성령의 하시는 일이 무엇입니까?

답/ 성령께서는 나를 성화(聖化)하시며 그리스도 안에서 나를 믿음으로 인도하시며 속죄의 천복(天福)을 나에게 주십니다(성화란 넓은 의미에 있어서 성령이 나를 위하여 행하시는 모든 일을 포함합니다).

419) 주 예수 그리스도의 이름과 우리 하나님의 성령 안에서 씻음과 거룩함과 의롭다하심을 얻었느니라(고전 6:11).

164. 성령이 당신 가운데서 믿음으로 역사하심이 왜 필요합니까?
답/ 성서에 의하면 나는 생래(生來)에 영적으로 눈 멀고 죽었고 하나님의 원수입니다. 그러므로 내 자신의 이성이나 힘으로는 내 주 예수 그리스도를 믿거나 혹은 그에게 갈 수 없습니다.

420) 육에 속한 사람은 하나님의 성령의 일을 받지 아니하나니 저희에게는 미련하게 보임이요 또 깨닫지도 못하나니 이런 일은 영적으로라야 분변함이니라(고전 2:14).

421) 너희의 허물과 죄로 죽었던 너희…(엡 2:1).

422) 육신의 생각은 하나님과 원수가 되나니…(롬 8:7).

423) 너희가 그 은혜를 인하여 믿음으로 말미암아 구원을 얻었나니 이것이 너희에게서 난 것이 아니요 하나님의 선물이라 행위에서 난 것이 아니니 이는 누구든지 자랑하지 못하게 함이니라(엡 2:8-9).

424) 성령으로 아니하고는 누구든지 예수를 주시라 할 수 없느니라(고전 12:3).

165. 성령은 당신을 그리스도께로 인도하여 성화하기 위해서 무엇을 행하셨습니까?
답/ 성령께서 복음으로 나를 불러 복음 가운데 제공된 그리스도의 천복(天福)에 나로 하여금 참여케 합니다.

425) 우리 복음으로 너희를 부르사…영광을 얻게 하려 하심이니라(살후 2:14).

426) 하나님이 우리를 구원하사 거룩하신 부르심으로 부르심은

우리의 행위대로 하심이 아니요 오직 자기 뜻과 영원한 때 전부터 그리스도 예수 안에서 우리에게 주신 은혜대로 하심이라(딤후 1:9).

427) 성령과 신부가 말씀하시기를 오라 하시는도다 듣는 자도 오라 할 것이요 목마른 자도 올 것이요 또 원하는 자는 값 없이 생명수를 받으라 하시더라(계 22:17).

※ 눅 14:16-17; 마 22:1-10 참고.

166. 성령이 복음으로 당신을 부를 때에 그가 당신 안에서 무슨 역사를 하셨습니까?

답/ 복음을 통하여 성령께서 그의 선물로 나를 계발(啓發)하셨습니다. 즉 그가 나에게 구주 예수님의 구원의 지식을 주셔서 나로 하여금 그를 믿고 즐거워하며 그에게서 위안을 받게 합니다.

428) 오직 너희는 택하신 족속이요 왕 같은 제사장들이요 거룩한 나라요 그의 소유된 백성이니 이는 너희를 어두운데서 불러내어 그의 기이한 빛에 들어가게 하신 자의 아름다운 덕을 선전하게 하려 하심이라(벧전 2:9).

429) 어두운데서 빛이 비치리라 하시던 그 하나님께서 예수 그리스도의 얼굴에 있는 하나님의 영광을 아는 빛을 우리 마음에 비취셨느니라(고후 4:6).

430) 예수를 너희가 보지 못하였으나 사랑하는도다 이제도 보지 못하나 믿고 말할 수 없는 영광스러운 즐거움으로 기뻐하니(벧전 1:8).

431) 소망의 하나님이 모든 기쁨과 평강을 믿음 안에서 너희에게 충만케 하사 성령의 능력으로 소망이 넘치게 하시기를 원하노라(롬 15:13).

※ 행 8:5-8; 16:25-34 참고.

167. 이 성령의 역사를 무엇이라고 합니까?
답/ 회심(回心) 혹은 중생(重生)이라 합니다.

432) 주는 나의 하나님 여호와시니 나를 이끌어 돌이키소서(렘 31:18).

433) 예수께서 대답하시되 진실로 진실로 네게 이르노니 사람이 물과 성령으로 나지 아니하면 하나님 나라에 들어갈 수 없느니라 육으로 난 것은 육이요 성령으로 난 것은 영이니(요 3:5-6).

168. 성령께서 복음에 의하여 이런 일(중생)을 행하셨다고 하는 이유가 무엇입니까?
답/ 복음은 한 방편이니 이로 인하여 성령이 그리스도의 천복을 우리에게 주시며 그리스도와 그의 구원을 우리로 하여금 받게 하는 믿음을 우리 마음 가운데 역사케 합니다.

434) 그러므로 믿음은 들음에서 나며 들음은 그리스도의 말씀으로 말미암았느니라(롬 10:17).

435) 그리스도 예수 안에서 복음으로써 내가 너희를 낳았음이라(고전 4:15).

436) 내가 비옵는 것은 이 사람들만 위함이 아니요 또 저희 말을 인하여 나를 믿는 사람들도 위함이니(요 17:20).

437) 너희가 거듭난 것이 썩어질 씨로 된 것이 아니요 썩지 아니할 씨로 된 것이니 하나님의 살아 있고 항상 있는 말씀으로 되었느니라(벧전 1:23).

438) 오직 그의 긍휼하심을 좇아 중생의 씻음과 성령의 새롭게 하심으로 하셨나니(딛 3:5).

169. 성령께서는 복음으로 말미암아 이밖에도 무엇을 당신에게 행하셨습니까?

답/ 성령이 참 신앙 가운데 나를 성화하셨으니 즉 그리스도 안의 신앙으로 말미암아 내 마음을 새롭게 하여 나로 하여금 죄를 이기며 선한 일을 하도록 합니다.

439) 하나님의 뜻은 이것이니 너희의 거룩함이라(살전 4:3).

440) 그런즉 누구든지 그리스도 안에 있으면 새로운 피조물이라(고후 5:17).

441) 하나님이여 내 속에 정한 마음을 창조하시고 내 안에 정직한 영을 새롭게 하소서(시 51:10).

442) 우리는 그의 만드신 바라 그리스도 예수 안에서 선한 일을 위하여 지으심을 받은 자니…(엡 2:10).

170. 하나님 앞에 선한 일이란 무엇입니까?

답/ 하나님의 자녀들이 하나님의 영광과 이웃의 이익을 위하여 십계명에 따라서 행하며 말하며 생각하는 모든 것이 선한 일입니다.

443) 믿음이 없이는 기쁘시게 못하나니(히 11:6).

444) 저가 내 안에 내가 저 안에 있으면 이 사람은 과실을 많이 맺나니 나를 떠나서는 너희가 아무 것도 할 수 없음이라(요 15:5).

445) 사람의 계명으로 교훈을 삼아 가르치니 나를 헛되이 경배하는도다(마 15:9).

446) 너희가 나를 사랑하면 나의 계명을 지키리라(요 14:15).

447) 그런즉 너희가 먹든지 마시든지 무엇을 하든지 다 하나님의 영광을 위하여 하라(고전 10:31).

448) 오직 사랑으로 서로 종노릇하라(갈 5:13).

※ 막 12:41-44; 14:3-9; 눅 10:38-42 참고.

171. 마지막으로 성령께서 복음으로 말미암아 당신에게 무엇을 행하셨습니까?

답/ 참 신앙 가운데 나를 지키셨습니다.

449) 믿음으로 말미암아 하나님의 능력으로 보호하심을 입었나니(벧전 1:5).

450) 너희 속에 착한 일을 시작하신 이가 그리스도 예수의 날까지 이루실 줄을 우리가 확신하노라(빌 1:6).

451) 이 말씀이 또한 너희 믿는 자 속에서 역사하느니라(살전 2:13).

172. 성령께서는 당신 외에도 누구에게 역사하십니까?

답/ 세상에 있는 모든 그리스도 교회를 불러 모아 계발하여 거룩하게 하며 유일하고 참된 신앙 가운데 예수 그리스도와 함께 지키십니다.

173. 성령께서는 복음을 듣는 모든 사람에게 이를 행하시기를 원하십니까?

답/ 네, 성령께서는 복음으로 하여금 모든 사람들이 구원에 이르는 것을 원하십니다.

452) 주 여호와의 말씀에 나의 삶을 두고 맹세하노니 나는 악인의 죽는 것을 기뻐하지 아니하고 악인이 그 길에서 돌이켜 떠나서 사는 것을 기뻐하노라(겔 33:11).

453) 아무도 멸망치 않고 다 회개하기에 이르기를 원하시느니라(벧후 3:9).

454) 하나님은 모든 사람이 구원을 받으며 진리를 아는데 이르기를 원하시느니라(딤전 2:4).

174. 그러면 어찌하여 모든 사람이 구원받지 못했습니까?

답/ 많은 사람들이 불신앙 가운데 완강히 하나님의 말씀과 그의 성령을 반항하며 또는 이러한 자신의 과오로 말미암아 망하게 되었습니다.

455) 예루살렘아 예루살렘아 선지자들을 죽이고 네게 파송된 자들을 돌로 치는 자여 암탉이 그 새끼를 날개 아래 모음 같이 내가 네 자녀를 모으려 한 일이 몇번이냐 그러나 너희가 원하지 아니하였도다 (마 23:37).

456) 이스라엘아 네가 패망하였나니 이는 너를 도와주는 나를 대적함이니라 (호 13:9).

457) 목이 곧고 마음과 귀에 할례를 받지 못한 사람들아 너희가 항상 성령을 거스려 너희 조상과 같이 너희도 하는도다 (행 7:51).

※ 눅 14:16-24; 마 22:1-10 참고.

(2) 거룩한 그리스도의 교회 혹은 성도의 교제에 관한 것

175. 거룩한 교회란 무엇입니까?

답/ 거룩한 교회란 성도, 즉 그리스도를 믿는 모든 신자의 교제함이며 모든 신자만이 이 교회의 교인이 될 수 있습니다.

458) 그러므로 이제부터 너희가 외인도 아니요 손도 아니요 오직 성도들과 동일한 시민이요 하나님의 권속이라 너희는 사도들과 선지자들의 터 위에 세우심을 입은 자라 그리스도 예수께서 친히 모퉁이 돌이 되셨느니라 그의 안에서 건물마다 서로 연결하여 주 안에서 성전이 되어가고 너희도 성령 안에서 하나님의 거하실 처소가 되기 위하여 예수 안에서 함께 지어져 가느니라 (엡

2:19-22).

459) 우리가 한 몸에 많은 지체를 가졌으나 모든 지체가 같은 직분을 가진 것이 아니니 이와 같이 우리 많은 사람이 그리스도 안에서 한 몸이 되어 서로 지체가 되었느니라(롬 12:4-5).

460) 누구든지 그리스도의 영이 없으면 그리스도의 사람이 아니라(롬 8:9).

176. 거룩한 교회를 "내가 믿는다"고 하는 이유가 무엇입니까?

답/ (가) 사람으로서는 다른 사람의 마음을 들여다 보아 그가 믿는지 안 믿는지를 알 수 없는 것이며 "거룩한 교회" 역시 볼 수 없습니다.

461) 하나님의 나라는 볼 수 있게 임하는 것이 아니요 또 여기 있다 저기 있다고도 못하리니 하나님의 나라는 너희 안에 있느니라(눅 17:20-21).

462) 그러나 하나님의 견고한 터는 섰으니 인침이 있어 일렀으되 주께서 자기 백성을 아신다(딤후 2:19).

(나) 그러나 성령께서 모든 신자들을 항상 모으시사 지키시는 것을 성서가 우리에게 보증하여 줍니다.

463) 너는 베드로라 내가 이 반석 위에 내 교회를 세우리니 음부의 권세가 이기지 못하리라(마 16:18).

※ 왕상 19:8-18 참고.

177. 교회의 유일성을 믿는 이유가 무엇입니까?

답/ 세상에는 유일한 교회 하나만 존재하고 모든 신자들은 성도의 교제를 하며 또한 그리스도를 머리로 하는 영적 몸인 까닭입니다.

464) 평안의 매는 줄로 성령의 하나 되게 하신 것을 힘써 지키라 몸이 하나이요 성령이 하나이니 이와 같이 너희가 부르심의 한 소망 안에서 부르심을 입었느니라 주도 하나이요, 믿음도 하나이요, 세례도 하나이요, 하나님도 하나이시니 곧 만유의 아버지시라 만유 위에 계시고 만유를 통일하시고 만유 가운데 계시도다 (엡 4:3-6).

465) 우리가 한 몸에 많은 지체를 가졌으나…우리 많은 사람이 그리스도 안에서 한 몸이 되어 서로 지체가 되었느니라(롬 12:4-5).

466) 그는 몸인 교회의 머리라(골 1:18).

178. 교회를 어찌하여 거룩하다고 칭합니까?
답/ 교회는 그리스도를 믿는 신앙으로서 거룩하게 지음받고 또한 거룩한 행실로 하나님을 섬기는 성도들의 교제하는 곳이기 때문입니다.

467) 이는 곧 물로 씻어 말씀으로 깨끗하게 하사 거룩하게 하시고 자기 앞에 영광스러운 교회로 세우사 티나 주름잡힌 것이나 이런 것들이 없이 거룩하고 흠이 없게 하려 하심이니라(엡 5:25-27).

468) 너희도 산 돌같이 신령한 집으로 세워지고 예수 그리스도로 말미암아 하나님이 기쁘게 받으실 신령한 제사를 드릴 거룩한 제사장이 될지니라(벧전 2:5).

179. 교회를 "그리스도 교회"라고 부르는 이유가 무엇입니까?
답/ 교회는 유일한 기초가 되시는 그리스도 위에 세운 까닭입니다.

469) 이 닦아 둔 것 외에 능히 다른 터를 닦아 둘 자가 없으니 이 터는 곧 예수 그리스도라(고전 3:11).

(주) 엡 2:19-22.

180. 이 거룩한 교회는 어디에 설립됩니까?

답/ 어디를 막론하고 복음이 전하여 진 곳에는 교회가 설립되며 하나님의 약속에 의하여 그의 말씀이 헛되이 전하여 지지 않을 것입니다.

470) 비와 눈이 하늘에서 내려서는 다시 그리로 가지 않고 토지를 적시어서 싹이 나게 하며 열매가 맺게 하여 파종하는 자에게 종자를 주며 먹는 자에게 양식을 줌과 같이 내 입에서 나가는 말도 헛되이 내게로 돌아오지 아니하고 나의 뜻을 이루며 나의 명하여 보낸 일에 형통하리라(사 55:10-11).

181. "교회"란 말에 어떤 다른 뜻이 포함되어 있습니까?
답/ (1) 볼 수 있는 하나님의 교회
　　(2) 교파(敎派)
　　(3) 지방교회(地方敎會)
　　(4) 예배장소(禮拜場所)

182. "볼 수 있는 교회"란 무슨 뜻입니까?

답/ 하나님의 말씀을 사용하며 기독신자의 신앙을 고백하는 사람들의 전부를 말함인데 그 가운데는 진실한 신자 외에 외식자도 역시 포함되어 있습니다.

※ 마 13:47-48; 22:11-12; 행 5:1-11 참고.

183. 교파란 무엇입니까?
답/ 특수한 이름과 독특한 교리를 가진 교회의 조직체입니다.

184. 어느 교파가 "볼 수 있는" 진실한 교회입니까?

답/ 하나님의 말씀에 전적인 교리를 소유하고 가르치며 고백하고 동시에 그리스도의 규정하심에 따라 성례를 행하는 교파입니다.

471) 내가 너희에게 분부한 모든 것을 가르쳐 지키게 하라(마 28:20).

472) 내 말을 받은 자는 성실함으로 내 말을 말할 것이라(렘 23:28).

473) 사람의 계명으로 교훈을 삼아 가르치니 나를 헛되이 경배하는도다(마 15:9).

185. 지방교회란 무엇입니까?

답/ 예배 드리기 위하여 일정한 장소에 정기적으로 회집하는 기독신자의 한 집단입니다.

(주) 고전 1:2; 갈 1:2; 살전 1:1; 계 1:3.

186. 우리는 어떠한 때에 교회의 교리를 바로 사용하고 있습니까?

답/ (가) 속죄주 그리스도에게 대한 성실한 신앙 중에 우리가 "볼 수 있는 교회"의 교인됨을 항상 명심할 때와

474) 너희가 믿음에 있는가 너희 자신을 시험하고 너희 자신을 확증하라(고후 13:5).

475) 너희가 내 말에 거하면 참 내 제자가 되고 진리를 알지니 진리가 너희를 자유케 하리라(요 8:31-32).

(나) 순수한 하나님의 말씀을 가르치는 교회에 항상 따를 때와

476) 저희가 사도의 가르침을 받아…(행 2:42).

(다) 자신의 봉사와 물질적 원조로써 우리가 가진 힘을 다하여

교회를 후원하며 장려하며 확장케 할 때와

477) 그 흩어진 사람들이 두루 다니며 복음의 말씀을 전할새(행 8:4).

478) 그러므로 너희는 가서 모든 족속으로 제자를 삼아 아버지와 아들과 성령의 이름으로 세례를 주고(마 28:19).

479) 이와 같이 주께서도 복음 전하는 자들이 복음으로 말미암아 살리라 명하셨느니라(고전 9:14).

※ 행 4:23-30; 빌 4:16-19 참고.

(라) 모든 그릇된 교회와 또한 그릇된 종교를 공언하는 다른 조직체들을 우리가 피할 때입니다.

480) 거짓 선지자들을 삼가라 양의 옷을 입고 너희에게 나아오나 속에는 노략질하는 이리라(마 7:15).

481) 사랑하는 자들아 영을 다 믿지 말고 오직 영들이 하나님께 속하였나 시험하라 많은 거짓 선지자가 세상에 나왔음이니라(요일 4:1).

482) 형제들아 내가 너희를 권하노니 너희 교훈을 거스려 분쟁을 일으키고 거치게 하는 자들을 살피고 저희에게서 떠나라(롬 16:17).

483) 너희는 믿지 않는 자와 멍에를 같이 하지 말라 의와 불법이 어찌 함께 하며 빛과 어두움이 어찌 사귀며 그리스도와 벨리알이 어찌 조화되며 믿는 자와 믿지 않는 자가 어찌 상관하며 하나님의 성전과 우상이 어찌 일치가 되리요 우리는 살아 계신 하나님의 성전이라 이와 같이 하나님께서 가라사대 내가 저희 가운데 거하며 두루 행하여 나는 저희 하나님이 되고 저희는 나의 백성이 되리라 하셨느니라 그러므로 주께서 말씀하시기를 너희는

저희 중에서 나와서 따로 있고 부정한 것을 만지지 말라 내가 너희를 영접하여 너희에게 아버지가 되고 너희는 내게 자녀가 되리라 전능하신 주의 말씀이니라 하셨느니라(고후 6:14-18).

(3) 사죄(赦罪)에 관한 것

187. 죄 사해 주는 것을 믿는다고 하는 이유가 무엇입니까?

답/ 하나님께서 나와 기타 그 모든 신자들의 죄를 매일 매일 후하게 용서하여 주시는 것을 성서가 보증합니다.

484) 내 영혼아 여호와를 송축하라 내 속에 있는 것들아 다 그 성호를 송축하라 내 영혼아 여호와를 송축하며 그 모든 은택을 잊지 말지어다 저가 네 모든 죄악을 사하시며 네 모든 병을 고치시며 (시 103:1-3).

485) 여호와여 주께서 죄악을 감찰하실진대 주여 누가 서리이까 그러나 사유하심이 주께 있음은 주를 경외케 하심이니이다(시 130:3-4).

188. 하나님께서 어떻게 당신의 죄를 사하십니까?

답/ 하나님께서 지금은 나의 죄를 책하지 않으시며 도리어 의롭다 선언하십니다.

486) 이는 하나님께서 그리스도 안에 계시사 세상을 자기와 화목하게 하시며 저희의 죄를 저희에게 돌리지 아니하시고 화목하게 하는 말씀을 우리에게 부탁하셨느니라(고후 5:19).

487) 하나님이 죄를 알지도 못하신 자로 우리를 대신하여 죄를 삼으신 것은 우리로 하여금 저의 안에서 하나님의 의가 되게 하

려 하심이니라(고후 5:21).

488) 누가 능히 하나님의 택하신 자들을 송사하리요 의롭다 하신 이는 하나님이시니(롬 8:33).

489) 일을 아니 할지라도 경건치 아니한 자를 의롭다 하시는 이를 믿는 자에게는 그의 믿음을 의로 여기시나니(롬 4:5).

※ 마 18:23-35 참고.

189. 당신의 죄를 사하기 위하여 무엇이 하나님을 권유하십니까?
답/ 하나님께서 내 죄를 사하심은 내게 어떠한 공로나 가치가 있어서가 아니라 다만 그리스도로 말미암은 하나님의 은총으로서 입니다.

490) 예수 그리스도를 믿음으로 말미암아 모든 믿는 자에게 미치는 하나님의 의니 차별이 없느니라 모든 사람이 죄를 범하였으매 하나님의 영광에 이르지 못하더니 그리스도 예수 안에 있는 구속으로 말미암아 하나님의 은혜로 값 없이 의롭다 하심을 얻은 자 되었느니라(롬 3:22-24).

491) 우리가 그리스도 안에서 그의 은혜의 풍성함을 따라 그의 피로 말미암아 구속 곧 죄 사함을 받았으니(엡 1:7).

※ 눅 18:9-14 참고.

190. 누구를 위하여 이 사죄가 달성케 되었습니까?
답/ 모든 사람을 위하여 인데 그리스도께서 전인류의 죄를 완전히 대속하셨습니다.

492) 저는 우리 죄를 위한 화목제물이니 우리만 위할 뿐 아니요 온 세상의 죄를 위하심이라(요일 2:2).

493) 하나님께서 그리스도 안에 계시사 세상을 자기와 화목하게

하시며 저희의 죄를 저희에게 돌리지 아니하시고 화목하는 말씀을 우리에게 부탁하셨느니라(고후 5:19).

191. 하나님께서 어디에 당신의 죄 사함을 나타내십니까?
답/ 복음 가운데 나타내셨습니다.
　494) 또 그의 이름으로 죄 사함을 얻게 하는 회개가 예루살렘으로부터 시작하여 모든 족속에게 전파될 것이 기록되었으니(눅 24:47).
　495) 화목하게 하는 말씀을 우리에게 부탁하셨느니라(고후 5:19).

192. 어떻게 당신은 사죄함을 받습니까?
답/ 복음을 믿음으로써 입니다.
　496) 사람이 의롭다 하심을 얻는 것은 율법의 행위에 있지 않고 믿음으로 되는 줄 우리가 인정하노라(롬 3:28).
　497) 아브라함이 여호와를 믿으니 여호와께서 이를 그의 의로 여기시고(창 15:6).

193. 모든 신자들이 그의 사죄나 구원에 대하여 확실성을 가진 이유가 무엇입니까?
답/ 하나님의 약속이 확실한 까닭입니다.
　498) 이를 인하여 내가 또 이 고난을 받되 부끄러워하지 아니함은 나의 의뢰한 자를 내가 알고 또한 나의 의탁한 것을 그날까지 저가 능히 지키실 줄을 확신함이라(딤후 1:12).
　499) 내가 확신하노니 사망이나 생명이나 천사들이나 권세자들이나 현재 일이나 장래 일이나 능력이나 높음이나 깊음이나 다른 아무 피조물이라도 우리를 우리 주 그리스도 예수 안에 있는 하나님의 사랑에서 끊을 수 없으리라(롬 8:38-39).

194. 그리스도로 말미암아 믿음을 통하여 은총으로 얻는 의인(義認)의 교리를 항상 확고히 지지하는 이유가 무엇입니까?
답/ (가) 의인의 교리는 기독교의 중요한 교리이며

500) 모든 선지자도 증거하되 저를 믿는 사람들이 다 그 이름을 힘입어 죄 사함을 받는다 하였느니라(행 10:43).

501) 다른 이로서는 구원을 얻을 수 없나니 천하 인간에 구원을 얻을 만한 다른 이름을 우리에게 주신 일이 없음이니라(행 4:12).

(나) 이 교리는 기독교를 그릇된 종교, 즉 행위로 말미암아 구원 받음을 가르치는 모든 종교로부터 구별하며

502) 율법 안에서 의롭다 함을 얻으려 하는 너희는 그리스도에게서 끊어지고 은혜에서 떨어진 자로다 우리가 성령으로 믿음을 좇아 의의 소망을 기다리노니(갈 5:4-5).

(주) 미 7:18-20

(다) 이 교리는 참회하는 죄인에게 영원한 위안을 주며

503) 저희를 데리고 나가 가로되 선생들이여 내가 어떻게 하여야 구원을 얻으리이까 하거늘 가로되 주 예수를 믿으라 그리하면 너와 네 집이 구원을 얻으리라 하고…저희를 데리고 자기 집에 올라가서 음식을 차려 주고 저와 온 집이 하나님을 믿었으므로 크게 기뻐하니라(행 16:30-31, 34).

504) 소자야 안심하라 네 죄 사함을 받았느니라(마 9:2).

(라) 동시에 이 교리는 모든 영광을 하나님에게 돌리는 까닭입니다.

505) 우리를 사랑하사 그의 피로 우리 죄에서 우리를 해방하시고 그 아버지 하나님을 위하여 우리를 나라와 제사장으로 삼으신

그에게 영광과 능력이 세세토록 있기를 원하노라 아멘(계 1:5-6).

(4) 부활에 관한 것

195. 성서는 몸이 부활하는 것에 대하여 어떻게 가르칩니까?

답/ 성서에서 가르치기를 마지막 날에 하나님께서는 나와 모든 죽은 자를 일으키사 우리가 가졌던 몸으로 하여금 다시 살게 하십니다.

506) 무덤 속에 있는 자가 다 그의 음성을 들을 때가 오나니… 다나오리라(요 5:28-29).

507) 내가 알기에는 나의 구속자가 살아 계시니 후일에 그가 땅 위에 서실 것이라 나의 이 가죽, 이것이 썩은 후에 내가 육체 밖에서 하나님을 보리라 내가 친히 그를 보리니 내 눈으로 그를 보기를 외인처럼 하지 않을 것이라(욥 19:25-27).

196. 죽은 자들이 부활하는데 있어서 어떠한 구별이 있습니까?

답/ (가) 신자들은 영광 받은 몸으로 하늘의 영원한 생애로 소생케 될 것이며

508) 그가 만물을 자기에게 복종케 하실 수 있는 자의 역사로 우리의 낮은 몸을 자기 영광의 몸의 형체와 같이 변케 하시리라(빌 3:21).

509) 보라 내가 너희에게 비밀을 말하노니 우리가 다 잠잘 것이 아니요 마지막 나팔에 순식간에 홀연히 다 변화하리니 나팔 소리가 나매 죽은 자들이 썩지 아니할 것으로 다시 살고 우리도 변화하리라(고전 15:51-52).

510) 선한 일을 행한 자는 생명의 부활로, 악한 일을 행한 자는 심판의 부활로 나오리라 (요 5:29).

511) 나의 이 가죽 이것이 썩은 후에 내가 육체 밖에서 하나님을 보리라 내가 친히 그를 보리니 내 눈으로 그를 보기를 외인처럼 하지 않을 것이라 (욥 19:26-27).

(나) 불신자는 영원한 사망, 즉 지옥의 무궁한 치욕과 경멸과 고통으로 소생케 될 것을 가르칩니다.

512) 저가 음부에서 고통 중에 눈을 들어 멀리 아브라함과 그의 품에 있는 나사로를 보고 불러 가로되 아버지 아브라함이여 나를 긍휼히 여기사 나사로를 보내어 그 손가락 끝에 물을 찍어 내 혀를 서늘하게 하소서 내가 이 불꽃 가운데서 고민하나이다 (눅 16:23-24).

513) 몸은 죽여도 영혼은 능히 죽이지 못하는 자들을 두려워하지 말고 오직 몸과 영혼을 능히 지옥에 멸하시는 자를 두려워하라 (마 10:28).

514) 그 벌레가 죽지 아니하며 그 불이 꺼지지 아니하여 모든 혈육에게 가증함이 되리라 (사 66:24).

515) 좁은 문으로 들어가라 멸망으로 인도하는 문은 크고 그 길이 넓어 그리로 들어가는 자가 많고 (마 7:13).

※ 눅 16:19-31; 12:47-48 참고

(5) 영생에 관한 것

197. 영원한 생명에 관하여 성서는 무엇을 가르칩니까?

답/ (가) 사망이 이를 때에 신자들의 영은 즉시 그리스도의 앞에 영접함을 받게 될 것과

516) 내가 그 두 사이에 끼였으니 떠나서 그리스도와 함께 있을 욕망을 가진 이것이 더욱 좋으나(빌 1:23).

517) 내가 진실로 네게 이르노니 오늘 네가 나와 함께 낙원에 있으리라(눅 23:43).

518) 지금 이후로 주 안에서 죽는 자들은 복이 있도다 하시매 성령이 가라사대 그러하다 저희 수고를 그치고 쉬리니 이는 저희의 행한 일이 따름이라 하시더라(계 14:13).

(나) 마지막 날에 신자들은 영육간에 그리스도와 같이 영원한 즐거움과 영광 중에 살 것을 가르칩니다.

519) 사랑하는 자들아 우리가 지금은 하나님의 자녀라 장래에 어떻게 될 것은 아직 나타나지 아니하였으나 그가 나타내심이 되면 우리가 그와 같을 줄을 아는 것은 그의 계신 그대로 볼 것을 인함이니(요일 3:2).

520) 주께서 생명의 길로 내게 보이시리니 주의 앞에는 기쁨이 충만하고 주의 우편에는 영원한 즐거움이 있나이다(시 16:11).

521) 아버지여 내게 주신 자도 나 있는 곳에 나와 함께 있어 아버지께서 창세 전부터 나를 사랑하시므로 내게 주신 나의 영광을 저희로 보게 하시기를 원하옵나이다(요 17:24).

522) 생각컨대 현재의 고난은 장차 우리에게 나타날 영광과 족히 비교할 수 없도다(롬 8:18).

(주) 단 12:3; 눅 19:16-19; 고후 9:6.

198. 하나님께서 누구에게 영원한 생명을 주십니까?

답/ 나와 다른 모든 신자들에게만 줍니다.

523) 하나님이 세상을 이처럼 사랑하사 독생자를 주셨으니 이는 저를 믿는 자마다 멸망치 않고 영생을 얻게 하려 하심이니라(요 3:16).

524) 끝까지 견디는 자는 구원을 얻으리라(마 24:13).

525) 아들을 믿는 자는 영생이 있고 아들을 순종치 아니하는 자는 영생을 보지 못하고 도리어 하나님의 진노가 그 위에 머물러 있느니라(요 3:36).

199. 당신은 영원한 생명에 들어갈 것을 확실히 믿습니까?
답/ 네, 확실히 믿습니다. 하나님께서 복음으로써 나를 부르사 계몽하시고 거룩하게 하사 참 신앙 중에 나를 지키시기를 그가 나를 영원부터 그의 자녀로 택하사 아무 사람이든지 나를 그 손에서 뽑아내지 못하게 하심과 같이 굳게 믿습니다.

526) 찬송하리로다 하나님 곧 우리 주 예수 그리스도의 아버지께서 그리스도 안에서 하늘에 속한 모든 신령한 복으로 우리에게 복 주시되 곧 창세 전에 그리스도 안에서 우리를 택하사 우리로 사랑 안에서 그 앞에 거룩하고 흠이 없게 하시려고 그 기쁘신 뜻대로 우리를 예정하사 예수 그리스도로 말미암아 자기의 아들들이 되게 하셨으니(엡 1:3-5).

527) 우리가 알거니와 하나님을 사랑하는 자 곧 그 뜻대로 부르심을 입은 자들에게는 모든 것이 합력하여 선을 이루느니라 하나님이 미리 아신 자들로 또한 그 아들의 형상을 본받게 하기 위하여 미리 정하셨으니 이는 그로 많은 형제 중에서 맏아들이 되게 하려 하심이니라 또 미리 정하신 그들을 또한 부르시고 부르신 그들을 또한 의롭다 하시고 의롭다 하신 그들을 또한 영화롭게

하셨느니라(롬 8:28-30).

528) 내 양은 내 음성을 들으며 나는 저희를 알며 저희는 나를 따르느니라 내가 저희에게 영생을 주노니 영원히 멸망치 아니할 터이요 또 저희를 내 손에서 빼앗을 자가 없느니라(요 10:27-28).

200. "이것은 진실로 진리입니다"라고 결론을 짓는 이유가 무엇입니까?

답/ 내가 이 조항 가운데 고백한 모든 것은 성서 중에 분명히 가르칠 것으로 내가 확고하게 믿는다는 것입니다.

3. 주기도문

201. 기도란 무엇입니까?

답/ 기도란 예배의 한 순서이며 우리의 마음과 입술을 통하여 하나님 앞에 우리들의 간구를 드리며 또한 찬양과 감사를 그에게 드리는 것입니다.

529) 나의 반석이시요 나의 구속자이신 여호와여 내 입의 말과 마음의 묵상이 주의 앞에 열납되기를 원하나이다(시 19:14).

530) 또 기도할 때에 이방인과 같이 중언부언하지 말라 저희는 말을 많이 하여야 들으실 줄 생각하느니라(마 6:7).

531) 여호와여 주는 겸손한 자의 소원을 들으셨으니…(시 10:17).

532) 그들이 부르기 전에 내가 응답하겠고 그들이 말을 마치기 전에 내가 들을 것이며(사 65:24).

(주) 시 103:1; 118:1; 93편; 96편.

202. 누구에게 기도할 것입니까?

답/ 우리는 참 하나님이신 성부와 성자와 성령께만 기도할 것이니 그에게만 이같은 존경을 돌릴 것이며 또한 그만이 우리의 기도를 들으시고 응답하실 수 있습니다.

533) 주 너의 하나님께 경배하고 다만 그를 섬기라 하였느니라 (마 4:10).

534) 기도를 들으시는 주여 모든 육체가 주께 나아오리이다(시 65:2).

535) 아브라함은 우리를 모르고 이스라엘은 우리를 인정치 아니할지라도 여호와여 주는 우리의 아버지시라 상고부터 주의 이름을 우리의 구속자라 하셨거늘(사 63:16).

203. 무엇이 우리로 하여금 기도하게 합니까?

답/ 하나님의 명령과 약속 또는 우리 자신과 이웃의 필요한 것과 받은 축복을 감사하는 마음 등이 우리로 하여금 기도하게 합니다.

536) 구하라 그러면 너희에게 주실 것이요 찾으라 그러면 찾을 것이요 문을 두드리라 그러면 너희에게 열릴 것이니 구하는 이마다 얻을 것이요, 찾는 이가 찾을 것이요, 두드리는 이에게 열릴 것이니라(마 7:7-8).

537) 환난 날에 나를 부르라 내가 너를 건지리니 네가 나를 영화롭게 하리로다(시 50:15).

※ 눅 5:12-13; 마 8:5-13; 눅 17:15 참고.

204. 우리는 하나님께 어떠한 것을 구할 것입니까?

답/ 우리의 영광을 위하는 모든 것과 또는 우리 자신과 이웃의 복리, 즉 영적 또는 육적 천복을 위하여 기도할 것입니다.

538) 아무 것도 염려하지 말고 오직 모든 일에 기도와 간구로 너희 구할 것을 감사함으로 하나님께 아뢰라(빌 4:6).

539) 무엇이든지 기도하고 구하는 것은 받은 줄로 믿으라 그리하면 너희에게 그대로 되리라(막 11:24).
(주) 고전 10:31.

205. 우리들은 기도를 어떻게 구분해야 할 것입니까?
답/ 우리들의 구원에 필요한 영적 축복을 위하여 기도할 때에는 무조건하고 구할 것이며 다른 은사를 위하여 기도할 때에는 만일 하나님의 뜻이면 이를 허락하여 주소서 하고 간구할 것입니다.
540) 너희가 악할지라도 좋은 것을 자식에게 줄줄 알거든 하물며 너희 천부께서 구하는 자에게 성령을 주시지 않겠느냐(눅 11:13).
541) 아버지여 만일 아버지의 뜻이어든 이 잔을 내게서 옮기시옵소서 그러나 내 원대로 마옵시고 아버지의 원대로 되기를 원하나이다(눅 22:42).
542) 주여 원하시면 저를 깨끗케 하실 수 있나이다(마 8:2).
543) 그를 향하여 우리의 가진 바 담대한 것이 이것이니 그의 뜻대로 무엇을 구하면 들으심이라(요일 5:14).

206. 우리는 어떻게 기도할 것입니까?
답/ (가) 예수의 이름으로, 즉 그를 우리의 구주로 믿는 믿음으로 기도할 것이며
544) 내가 진실로 너희에게 이르노니 너희가 무엇이든지 아버지께 구하는 것을 내 이름으로 주시리라(요 16:23).

(나) 예수 그리스도로 말미암아 우리의 기도가 이루어질 것을 확고히 믿는 신뢰심을 가지고 기도할 것입니다.

545) 너희가 기도할 때에 무엇이든지 믿고 구하는 것은 다 받으리라(마 21:22).

207. 하나님께서 모든 합당한 기도에 대하여 진실로 응답하십니까?
답/ 응답하십니다. 그러나 하나님 자신의 원하시는 대로 또 한 그가 원하시는 때에 하십니다.

546) 이것이 내게서 떠나기 위하여 내가 세 번 주께 간구하였더니 내게 이르시기를 내 은혜가 네게 족하도다 이는 내 능력이 약한 데서 온전하여 짐이라(고후 12:8-9).

547) 내 때가 아직 이르지 못하였나이다(요 2:4).

548) 내가 잠시 너를 버렸으나 큰 긍휼로 너를 모을 것이요 내가 넘치는 진노로 내 얼굴을 네게서 잠시 가리웠으나 영원한 자비로 너를 긍휼히 여기리라 네 구속자 여호와의 말이니라(사 54:7-8).

208. 하나님께서는 어떠한 기도에 응답하실 것을 약속치 않으셨습니까?
답/ (가) 믿음과 신뢰심이 없이 드리는 기도와

549) 오직 믿음으로 구하고 조금도 의심하지 말라 의심하는 자는 마치 바람에 밀려 요동하는 바다 물결 같으니 이런 사람은 무엇이든지 주께 얻기를 생각하지 말라(약 1:6-7).

(나) 어리석고 해를 끼치는 것을 위하여 드리는 기도와
※ 마 20:20-23 참고.

(다) 하나님에게 기도에 응답할 "때"와 "방법" 등을 지시하여 달

라는 기도들입니다.

209. 때때로 신자들이 그들이 드린 합당한 기도가 이루어지지 않는다고 느끼는 이유가 무엇입니까?
답/ 특별히 시련을 받을 때에 하나님의 도우심을 저들이 즉시로 관찰하지 못하는 연고입니다.
　(주) 시 42:9.

210. 우리들은 누구를 위하여 기도할 것입니까?
답/ 우리들 자신과 또한 세상의 모든 사람들과 심지어 우리들의 원수들까지 위하여 기도할 것입니다. 그러나 죽은 자를 위하여서나 그의 영을 위하여서는 안 할 것입니다.
　550) 그러므로 내가 첫째로 권하노니 모든 사람을 위하여 간구와 기도와 도고와 감사를 하되(딤전 2:1).
　551) 너희 원수를 사랑하며 너희를 핍박하는 자를 위하여 기도하라(마 5:44).
　552) 한 번 죽는 것은 사람에게 정하신 것이요 그 후에는 심판이 있으리라(히 9:27).
　※ 눅 18:13; 창 18:23-32; 마 15:22-28; 눅 23:34; 행 7:60 참고.

211. 우리들은 어디서 기도할 것입니까?
답/ 어디서든지 우리가 있는 곳에서 기도할 것인데 은밀한 곳, 즉 혼자 있을 때와 가족들과 함께 또는 공중예배 시에 기도할 것입니다.
　553) 그러므로 각처에서 남자들이 분노와 다툼이 없이 거룩한 손을 들어 기도하기를 원하노라(딤전 2:8).

554) 너는 기도할 때에 네 골방에 들어가 문을 닫고 은밀한 중에 계신 네 아버지께 기도하라 은밀한 중에 보시는 네 아버지께서 갚으시리라(마 6:6).

555) 내 발이 평탄한 데 섰아오니 회중에서 여호와를 송축하리이다(시 26:12).

212. 언제 기도할 것입니까?
답/ 항상 기도할 것인데 특별히 곤란한 때입니다.

556) 쉬지 말고 기도하라(살전 5:17).

557) 환난 날에 나를 부르라 내가 너를 건지리니 네가 나를 영화롭게 하리로다(시 50:15).

(주) 시 55:16-17; 단 6:10.

213. 어느 것이 모든 기도 중에서 가장 뛰어난 기도입니까?
답/ 우리 주님 자신이 가르치신 "주기도문"입니다.
"하늘에 계신 우리 아버지, 이름을 거룩하게 하옵시며, 나라이 임하옵시며, 뜻이 하늘에서 이룬 것같이 땅에서도 이루어지이다. 오늘날 우리에게 일용할 양식을 주옵시고, 우리가 우리에게 죄 지은 자를 사하여 준 것같이 우리 죄를 사하여 주옵시고, 우리를 시험에 들지 말게 하옵시고, 다만 악에서 구하옵소서. 대개 나라와 권세와 영광이 아버지께 영원히 있사옵나이다. 아멘"(마 6:9-13; 눅 11:2-4).

214. 주기도문은 어떻게 구분되어 있습니까?
답/ 서언(緖言), 칠 기원(七祈願), 송영(頌榮) 혹은 결언(結言)으로 구분되어 있습니다.

> 서 언
>
> "하늘에 계신 우리 아버지"
>
> 문/ 이것은 무슨 뜻입니까?
> 답/ 이 말씀을 통하여 하나님께서 우리의 참 아버지 되심과 우리들이 참으로 그의 자녀가 되어, 어린 자녀가 그의 육신의 아버지에게 요구하는 것같이 즐거움과 신뢰하는 마음으로 하나님께 기도할 것을 우리에게 권하십니다.

215. 예수님께서 이 기도 중에 하나님을 "아버지"라 부르도록 가르치신 이유가 무엇입니까?
답/ 이와 같이 다정스러운 이름으로 인하여 우리로 하여금 두려움이나 의심없이 기도할 것을 격려하셨습니다.

   558) 보라 아버지께서 어떠한 사랑을 우리에게 주사 하나님의 자녀라 일컬음을 얻게 하셨는고…(요일 3:1).
   559) 너희는 다시 무서워하는 종의 영을 받지 아니하였고 양자의 영을 받았으므로 아바 아버지라 부르짖느니라(롬 8:15).

216. 왜 "우리 아버지"라고 부릅니까?
답/ 전세계를 통하여 그리스도를 믿는 모든 신자들은 한 하늘 아버지의 자녀이므로 피차에 위하여 또는 같이 기도하는 까닭입니다.

   560) 하나님도 하나이시니 곧 만유의 아버지시라 만유 위에 계시고 만유를 통일하시고 만유 가운데 계시도다(엡 4:6).
   561) 너희가 다 믿음으로 말미암아 그리스도 예수 안에서 하나

님의 아들이 되었으니(갈 3:26).

217. "하늘에 계신 아버지"라 말하는 이유는 무엇입니까?

답/ 우리 하늘 아버지께서 모든 것의 주가 되시며 또한 우리가 구하고 생각하는 것보다 훨씬 더한 것까지 행하실 수 있다는 것을 이 말씀이 우리에게 생각나게 합니다(엡 3:20 참고).

218. 칠 기원 중에 무엇을 구합니까?

답/ 처음 세 기원 중에는 영적 하늘의 복을 구하며 넷째 기원 중에는 물질적 은사를 구하며 마지막 세 기원 중에는 마귀에게서 해방하여 주실 것을 간구합니다.

첫째 기원

"이름을 거룩하게 하옵시며"

문/ 이것은 무슨 뜻입니까?
답/ 진실로 하나님의 이름은 거룩합니다. 우리는 이 기원 중에서 그의 이름이 우리 가운데서도 거룩케 됨을 기도합니다.

문/ 어떻게 그의 이름이 우리 가운데서 거룩하게 됩니까?
답/ 하나님의 말씀이 참되고 깨끗하게 전파될 때 그의 자녀 된 우리는 이 말씀을 좇아 거룩한 생에 이르게 됩니다. 사랑하는 하늘 아버지여, 우리가 이런 생활을 하게 하여 주옵소서. 그러나 하나님의 말씀이 교훈하는 외의 것을 가르치며 이를 좇아 사는 자는 하나님의 이름을 우리 가운데서 모독하는 자입니다. 하늘 아버지여, 이런 불결한 가운데서 우리를 지켜 주소서.

219. 하나님의 이름이 어떻게 거룩하게 됩니까?
답/ (가) 하나님의 말씀이 참되고 깨끗케 가르침을 받을 때와

562) 저희를 진리로 거룩하게 하옵소서 아버지의 말씀은 진리이니이다(요 17:17).

563) 내 말을 받은 자는 성실함으로 내 말을 말할 것이라(렘 23:28).

(나) 우리들이 하나님의 자녀로서 그의 말씀에 따라서 거룩한 생활을 할 때입니다.

564) 이같이 너희 빛을 사람 앞에 비취게 하여 저희로 너희 착한 행실을 보고 하늘에 계신 너희 아버지께 영광을 돌리게 하라(마 5:16).

220. 하나님의 이름이 어떻게 하여 더럽히게 됩니까?
답/ (가) 하나님의 말씀이 가르치는 것 외에 다른 어떤 것을 가르치는 때와

565) 그 제사장들은 내 율법을 범하였으며(겔 22:26).

(나) 그의 말씀이 가르치는 것 밖에서 생활할 때입니다.

566) 율법을 자랑하는 네가 율법을 범함으로 하나님을 욕되게 하느냐 기록된 바와 같이 하나님의 이름이 너희로 인하여 이방인 중에서 모독을 받는도다(롬 2:23-24).

221. 우리들은 첫째 기원 중에서 무엇을 구합니까?
답/ 하나님의 이름이 우리 가운데서 거룩하게 되기를 구합니다.

둘째 기원

"나라이 임하옵시며"

문/ 이것은 무슨 뜻입니까?

답/ 진실로 하늘나라는 우리의 기도 없이도 임합니다. 그러나 둘째 기원에 있어서 그의 나라가 우리 가운데 임하기를 간구하는 것입니다.

문/ 어떻게 그의 나라가 임하겠습니까?

답/ 하나님 아버지께서 우리에게 성령을 보내실 때에 임하는 것입니다. 이 하나님의 은총으로 거룩한 말씀을 믿게 되며 이 세상에서와 영원한 세계에서까지 경건한 신앙생활을 계속하게 되는 것입니다.

222. 둘째 기원 중에 말한 "나라"라 함은 어떤 나라를 말하는 것입니까?

답/ 하나님의 은총의 나라와 또한 그의 영광의 나라를 의미하며 그의 권세의 나라를 말하는 것은 아닙니다.

223. 우리는 이 기원 중에서 무엇을 구합니까?

답/ (가) 하나님께서 참 신앙과 경건한 생활을 우리들에게 은혜롭게 허락하실 것과

567) 하나님의 나라가 가까왔으니 회개하고 복음을 믿으라(막 1:15).

568) 그러므로 너희가 그리스도 예수를 주로 받았으니 그 안에서 행하되(골 2:6).

(나) 그의 은총의 나라를 땅 위에 펴실 것과

569) 그러므로 추수하는 주인에게 청하여 추수할 일꾼들을 보내어 주소서…(마 9:38).

570) 형제들아 너희는 우리를 위하여 기도하기를 주의 말씀이 너희 가운데서와 같이 달음질하여 영광스럽게 되고(살후 3:1).

※ 행 4:24-30 참고.

(다) 그의 영광의 나라가 임하실 것을 재촉합니다.

571) 적은 무리여 무서워 말라 너희 아버지께서 그 나라를 너희에게 주시기를 기뻐하시느니라(눅 12:32).

572) 이것들을 증거하신 이가 가라사대 내가 진실로 속히 오리라 하시거늘 아멘 주 예수여 오시옵소서(계 22:20).

셋째 기원

"뜻이 하늘에서 이룬 것같이 땅에서도 이루어지이다"

문/ 이것은 무슨 뜻입니까?
답/ 하나님의 선하시고 자비하신 뜻은 우리의 기도가 없이도 이루어집니다. 그러나 이 기원 중에서 하나님의 뜻이 우리 가운데서도 반드시 이루어지기를 위하여 간구하는 것입니다.

문/ 어떻게 이것이 실현되겠습니까?
답/ 하나님께서는 그의 이름이 거룩하게 됨을 방해하며 그의 나라가 임하는 것을 막는 모든 불의의 장해물과 계획을 타파하십니다. 즉 마귀의 뜻과 육에 속한 모든 속세의 것입니다. 그러나 그는 끝까지 충실하고 신앙 가운데 거하는 우리를 굳세게 하시며 보호

> 하십니다. 이것이 곧 하나님의 선하시고 자비로우신 뜻입니다.

224. 무엇이 하나님의 선하시고 자비로우신 뜻입니까?
답/ 우리가 그의 이름을 거룩하게 하는 것과 그의 나라가 임하는 것입니다.

225. 하나님의 선하시고 자비로우신 뜻에는 무엇이 포함되어 있습니까?
답/ (가) 하나님께서 그의 약속에 따라 우리를 위하여 행하려고 원하시는 모든 것과
　573) 하나님은 모든 사람이 구원을 받으며 진리를 아는데 이르기를 원하시느니라(딤전 2:4).

(나) 그의 뜻에 따라서 우리가 행할 것과 또한 회피하기를 원하시는 모든 것과
　574) 하나님의 뜻은 이것이니 너희의 거룩함이라(살전 4:3).

(다) 그의 선하신 뜻에 따라 우리로 하여금 강하게 인내하며 고난 받기를 원하시는 모든 것을 포함하였습니다.
　575) 우리가 하나님 나라에 들어가려면 많은 환난을 겪어야 할 것이라(행 14:22).
　576) 예수께서 제자들에게 이르시되 아무든지 나를 따라 오려거든 자기를 부인하고 자기 십자가를 지고 나를 좇을 것이니라(마 16:24).
　(주) 히 12:6, 11.

226. 누구의 의견과 욕망이 하나님의 뜻에 거슬리는 것입니까?
답/ 마귀와 속세와 우리 육의 것입니다.

577) 너희 대적 마귀가 우는 사자 같이 두루다니며 삼킬 자를 찾나니(벧전 5:8).

578) 이 세상이나 세상에 있는 것들을 사랑치 말라 누구든지 세상을 사랑하면 아버지의 사랑이 그 속에 있지 아니하니 이는 세상에 있는 모든 것이 육신의 정욕과 안목의 정욕과 이생의 자랑이니 다 아버지께로 좇아 온 것이 아니요 세상으로 좇아 온 것이라 이 세상도 그 정욕도 지나가되 오직 하나님의 뜻을 행하는 이는 영원히 거하느니라(요일 2:15-17).

579) 내 속 곧 내 육신에 선한 것이 거하지 아니하는 줄을 아노니(롬 7:18).

※ 창 3:1-7; 눅 22:54-62; 수 7:18-22 참고.

227. 우리는 셋째 기원 중에서 무엇을 하나님께 간구합니까?
답/ (가) 하나님께서 마귀와 속세와 우리 육의 그릇된 의견과 뜻을 깨뜨리고 막을 것과

580) 평강의 하나님께서 속히 사탄을 너희 발 아래서 상하게 하시리라(롬 16:20).

(나) 우리들을 끝까지 그의 말씀과 신앙 가운데 확고히 지키시며 강하게 하여 우리로 하여금 하늘에 있는 천사들과 같이 항상 그의 뜻을 즐거움으로 행하도록 하며

581) …구원을 얻기 위하여 믿음으로 말미암아 하나님의 능력으로 보호하심을 입었나니(벧전 1:5).

582) 나로 주의 계명의 첩경으로 행케 하소서 내가 이를 즐거워

함이니이다(시 119:35).

(다) 우리들로 하여금 모든 고난 가운데서 끝까지 충실할 수 있도록 지켜 주시기를 구합니다.

583) 내게 이르시기를 내 은혜가 네게 족하도다 이는 내 능력이 약한데서 온전하여 짐이라…(고후 12:9).

※ 고전 10:13; 창 50:15-21; 욥 1장 참고

> **넷째 기원**
>
> "오늘날 우리에게 일용할 양식을 주옵시고"
>
> 문/ 이것은 무슨 뜻입니까?
>
> 답/ 우리의 간구가 없이도 하나님은 양식을 베풀어 주시며 심지어 악한 자에게 까지도 주시나 우리가 이 기도를 통하여 매일의 양식이 하나님의 선물임을 깨닫고 감사한 마음으로 이것을 받게 되기를 기도하는 것입니다.
>
> 문/ 일용할 양식이란 무슨 뜻입니까?
>
> 답/ 육신 생활에 필요한 모든 것인데, 즉 음식과 의복과 가옥과 가정, 전답, 가축, 금전, 기타 여러 물건들과 경건한 배우자, 자녀들, 일꾼들, 또한 경건하고 신실한 지도자, 훌륭한 정부, 적당한 기후, 평화, 건강, 질서, 명예, 선한 친구, 믿을 만한 이웃 등을 말하는 것입니다.

228. 하나님께서는 일용할 양식을 위하여 구하지 않는 자에게도 이를 주시는데 어찌하여 그리스도께서는 우리들에게 이것을 위하여 간구하라고 말씀하십니까?

답/ 우리들의 일용할 양식이 하나님의 자비로운 은사임을 가르치고 또한 우리로 하여금 감사한 마음으로 이것을 받도록 하기 위하여서 입니다.

584) 중생의 눈이 주를 앙망하오니 주는 때를 따라 저희에게 식물을 주시며 손을 펴사 모든 생물의 소원을 만족케 하시나이다 (시 145:15-16).

585) 하나님이 그 해를 악인과 선인에게 비취게 하시며 비를 의로운 자와 불의한 자에게 내리우심이니라(마 5:45).

586) 범사에 우리 주 예수 그리스도의 이름으로 항상 아버지 하나님께 감사하며(엡 5:20).

※ 눅 5:1-7; 왕상 17장 참고.

229. 왜 우리는 "우리 양식"이라고 합니까?
답/ 우리는 정직하게 우리들에게 속한 양식만을 위하여 기도할 것이며 또한 이웃을 위하여서도 기도하되 그가 필요할 때에는 우리의 것을 같이 나눌 것이라는 것입니다.

587) 우리가 너희와 함께 있을 때에도 너희에게 명하기를 누구든지 일하기 싫어하거든 먹지도 말게 하라 하였더니 우리가 들은즉 너희 가운데 규모 없이 행하여 도무지 일하지 아니하고 일만 만드는 자들이 있다 하니 이런 자들에게 우리가 명하고 주 예수 그리스도 안에서 권하기를 종용히 일하여 자기 양식을 먹으라 하노라(살후 3:10-12).

588) 오직 선을 행함과 서로 나눠 주기를 잊지 말라 이같은 제사는 하나님이 기뻐하시느니라(히 13:16).

230. 왜 우리는 "오늘날" 우리에게 "일용할" 양식이라고 합니까?

답/ 매일 우리가 필요한 것으로 만족할 것이며 또한 장래를 위해 염려하는 것은 미련하고 죄되는 것이라는 말씀입니다.

589) 내가 두 가지 일을 주께 구하였사오니 나의 죽기 전에 주시옵소서 곧 허탄과 거짓말을 내게서 멀리하옵시며 나로 가난하게도 마옵시고 부하게도 마옵시고 오직 필요한 양식으로 내게 먹이시옵소서 혹 내가 배불러서 하나님을 모른다 여호와가 누구냐 할까 하오며 혹 내가 가난하여 도적질하고 내 하나님의 이름을 욕되게 할까 두려워함이니이다(잠 30:7-9).

590) 우리가 먹을 것과 입을 것이 있은즉 족한 줄로 알 것이니라(딤전 6:8).

591) 너희는 먼저 그의 나라와 그의 의를 구하라 그리하면 이 모든 것을 너희에게 더하시리라 그러므로 내일 일을 위하여 염려하지 말라 내일 일은 내일 염려할 것이요 한 날 괴로움은 그날에 족하니라(마 6:33-34).

592) 너희가 일찌기 일어나고 늦게 누우며 수고의 떡을 먹음이 헛되도다 그러므로 여호와께서 그 사랑하시는 자에게는 잠을 주시는도다(시 127:2).

※ 눅 12:15-21 참고.

다섯째 기원

"우리가 우리에게 죄 지은 자를 사하여 준 것같이 우리 죄를 사하여 주옵시고"

문/ 이것은 무슨 뜻입니까?
답/ 하나님 아버지께서 우리의 죄를 기억치 않으시고 또한 죄

> 때문에 우리의 기도가 거절당하지 않도록 간구하는 것입니다. 우리는 자신이 구하는 것을 얻기 위한 기도를 드리기에도 합당치 못하며 다만 우리의 죄로 말미암아 형벌밖에는 받을 것이 없습니다. 그러므로 너그러우신 하나님께 은총으로써 모든 것을 이루어 주실 것을 간구하는 것입니다. 이와 같이 우리도 우리에게 죄 지은 자를 진심으로 용서하고 선행으로 갚도록 할 것입니다.

231. 우리는 이 기도 중에서 무엇을 간구합니까?

답/ 우리의 하늘 아버지께서 우리들의 죄를 기억치 않으시고 도리어 그리스도로 말미암아 자비롭게 용서하여 주시기를 비는 것입니다.

593) 자기 허물을 능히 깨달을 자 누구리요 나를 숨은 허물에서 벗어나게 하소서(시 19:12).

594) 세리는 멀리 서서 감히 눈을 들어 하늘을 우러러 보지도 못하고 다만 가슴을 치며 가로되 하나님이여 불쌍히 여기옵소서 나는 죄인이로소이다 하였느니라(눅 18:13).

232. 우리가 사죄를 위하여 기도하는 데 무슨 특별한 이유가 있습니까?

답/ 우리는 기도하는 것에 대하여 아무런 합당한 것이나 받을 만한 가치가 없으며 날마다 범죄하여 진실로 심판을 받을 수밖에 없습니다.

595) 나는 주께서 주의 종에게 베푸신 모든 은총과 모든 진리를 조금이라도 감당할 수 없사오나…(창 32:10).

596) 아들이 가로되 아버지여 내가 하늘과 아버지께 죄를 얻었사오니 지금부터는 아버지의 아들이라 일컬음을 감당치 못하겠나

이다(눅 15:21).

233. 우리가 받은 사죄를 위하여 무엇을 감사한 마음으로 약속합니까?

답/ 우리도 진심으로 남을 용서하며 우리에게 범죄한 자에게 대하여 기뻐 선을 행할 것을 약속합니다.

597) 그 때에 베드로가 나와 가로되 주여 형제가 내게 죄를 범하면 몇번이나 용서하여 주리이까 일곱 번까지 하오리까 예수께서 가라사대 네게 이르노니 일곱 번 뿐 아니라 일흔 번씩 일곱 번이라도 할지니라(마 18:21-22).

※ 창 50:15-21 참고.

234. 이웃을 용서하지 않는 자가 하나님의 사죄를 받을 수 있습니까?

답/ 받을 수 없습니다. 그런 사람은 도리어 이 기도 중에서 하나님의 진노하심을 자기 위에 초래케 합니다.

598) 서서 기도할 때에 아무에게나 혐의가 있거든 용서하라 그리하여야 하늘에 계신 너희 아버지도 너희 허물을 사하여 주시리라 하셨더라(막 11:25).

※ 마 18:23-25 참고.

여섯째 기원

"우리를 시험에 들게 하지 마옵시고"
문/ 이것은 무슨 뜻입니까?
답/ 진실로 하나님께서는 누구든지 시험하지 않으십니다. 그러나 그가 우리들을 지키시고 아끼시사 모든 악이나 육에 속한 어

> 떤 것이 우리를 속이거나 불신과 절망에 이르게 하거나 그밖에 어떤 부끄러운 자리로 유혹하지 못하도록 하기 위하여 기도할 것입니다. 비록 우리가 이 모든 불의로부터 침해를 받는다 할지라도 마지막 승리는 우리에게 돌아오도록 간구하는 것입니다.

235. "시험"이란 말 가운데 어떠한 두 가지 뜻이 있습니까?
답/ 시험하는 행동과 악으로 유혹하는 것입니다.

236. 어떤 의미에 있어서 하나님께서 사람을 시험하는 것으로 쓰여졌습니까?
답/ 하나님께서 그의 자녀들의 신앙을 정화하며 강하게 할 목적으로 시험할 때입니다.

   599) 빌립에게 이르시되 우리가 어디서 떡을 사서 이 사람들로 먹게 하겠느냐 하시니 이렇게 말씀하심은 친히 어떻게 하실 것을 아시고 빌립을 시험하고자 하심이라(요 6:5-6).
   ※ 창 22:1-19; 막 7:25-30 참고.

237. 어떤 의미로 "시험"이란 말이 여섯째 기원 중에 쓰여졌습니까?
답/ 마귀의 시험이라는 의미로 쓰여졌습니다.

238. 마귀의 시험은 어떤 데 있습니까?
답/ 마귀와 속세와 우리의 육이 우리를 기만하려는 데와, 또한 우리로 하여금 불신과 절망과 기타 큰 치욕과 죄악으로 미혹케 하는 데 있습니다.

   600) 사람이 시험을 받을 때에 내가 하나님께 시험을 받는다 하

지 말지니 하나님은 악에게 시험을 받지도 아니하시고 친히 아무도 시험하지 아니하시느니라 오직 각 사람이 시험을 받는 것은 자기 욕심에 끌려 미혹됨이니(약 1:13-14).

601) 근신하라 깨어라 너희 대적 마귀가 우는 사자 같이 두루 다니며 삼킬 자를 찾나니 너희는 믿음을 굳게 하여 저를 대적하라 이는 세상에 있는 너희 형제들도 동일한 고난을 당하는 줄을 앎이니라(벧전 5:8-9).

602) 실족케 하는 일들이 있음을 인하여 세상에 화가 있도다 실족케 하는 일이 없을 수는 없으나 실족케 하는 그 사람에게는 화가 있도다(마 18:7).

603) 내 아들아 악한 자가 너를 꾀일지라도 좇지 말라(잠 1:10).

604) 데마는 이 세상을 사랑하여 나를 버리고…(딤후 4:10).

※ 창 3장; 마 4:1-11; 요 13:2; 마 27:4-5; 눅 22:54-60; 삼하 22:9 참고.

239. 우리는 여섯째 기원 중에서 무엇을 간구합니까?

답/ (가) 하나님께서 우리들을 보호하셔서 마귀의 시험이 우리에게 임하지 않을 것과

605) 주는 미쁘사 너희를 굳게 하시고 악한 자에게서 지키시리라(살후 3:3).

(나) 하나님께서 우리에게 시험이 오는 것을 허락하시는 때에는 우리를 강하게 하시고 보존하사 우리로 하여금 최후에 시험을 이기고 승리를 얻도록 구합니다.

606) 사람이 감당할 시험 밖에는 너희에게 당한 것이 없나니 오직 하나님은 미쁘사 너희가 감당치 못할 시험 당함을 허락하지

아니하시고 시험 당할 즈음에 또한 피할 길을 내사 너희로 능히 감당하게 하시느니라(고전 10:13).

607) 그러므로 하나님의 전신갑주를 취하라 이는 악한 날에 너희가 능히 대적하고 모든 일을 행한 후에 서기 위함이니라(엡 6:13).

일곱째 기원

"다만 악에서 구하옵소서"

문/ 이것은 무슨 뜻입니까?

답/ 이 기도 조목은 결론적인 것입니다. 하나님께서 우리를 모든 영육간의 불의나 탐욕, 허영심에서 구하여 내시사 우리의 생명이 다하는 순간에 평화에 싸인 임종 시간을 주시어 슬픔 많은 이 세상에서 그의 영원한 나라로 인도하여 주시기를 간구하는 것입니다.

---

240. 우리는 일곱째 기원 중에서 무엇을 구합니까?

답/ (가) 하나님께서 모든 죄악을 우리로부터 물리쳐 주시며

608) 화가 네게 미치지 못하며 재앙이 네 장막에 가까이 오지 못하리니(시 91:10).

(나) 우리를 고통스럽게 하는 십자가를 우리에게서 걷우시며 우리로 하여금 이를 견디게 하며 또한 우리 자신의 이익이 되도록 구하며

609) 우리가 하나님 나라에 들어가려면 많은 환난을 겪어야 할 것이라 하고(행 14:22).

610) 주께서 그 사랑하시는 자를 징계하시고 그의 받으시는 아들마다 채찍질하심이니라(히 12:6).

611) 내 은혜가 네게 족하도다 이는 내 능력이 약한데서 온전하여짐이라…(고후 12:9).

612) 여섯 가지 환난에서 너를 구원하시며 일곱 가지 환난이라도 그 재앙이 네게 미치지 않게 하시며(욥 5:19).

(다) 복된 최후로 인도하사 우리를 모든 죄악에서 구하여 주실 것을 간구합니다.

613) 주께서 나를 모든 악한 일에서 건져 내시고 또 그의 천국에 들어가도록 구원하시리니(딤후 4:18).

614) 주재여 이제는 말씀하신 대로 종을 평안히 놓아 주시는도다 내 눈이 주의 구원을 보았사오니(눅 2:29-30).

615) 내가 그 두 사이에 끼였으니 떠나서 그리스도와 함께 있을 욕망을 가진 이것이 더욱 좋으나(빌 1:23).

송 영

"대개 나라와 권세와 영광이 아버지께 영원히 있사옵나이다. 아멘."

문/ "아멘"이란 무슨 뜻입니까?
답/ 우리가 드린 모든 간구가 하나님 앞에 받을 만하며 그에게 반드시 상달된 것을 믿습니다. 하나님 자신이 이같이 기도할 것을 명하셨고 또한 들으실 것을 약속하신 까닭입니다.
아멘, 아멘, 즉 진실로 진실로 그와 같이 될지어다.

---

241. 주기도문의 결론 가운데 무엇을 말씀하셨습니까?

답/ 하나님께 속한 이 모든 것을 간구한 이유를 말합니다.
 (가) 하나님만이 우리가 도움을 구할 바 임금이시며

 (나) 그이만이 우리의 기원을 허락하실 권능을 가졌으며

 (다) 그가 우리를 위하여 행하신 모든 것을 인하여 영광과 찬양을 받으실 것입니다.

4. 세례의 성례

성 례(聖禮)

242. 성례란 무엇입니까?
답/ 성례라 함은 거룩한 행사인데
　(가) 하나님 자신이 창설하셨고

　(나) 그의 말씀에 연관된 어떤 볼 수 있는 뜻을 가졌으며

　(다) 그리스도께서 우리를 위하여 얻은 속죄를 제공하여 또한 확증하는 것입니다.

243. 이와 같은 성례는 몇 가지가 있습니까?
답/ 두 가지가 있는데 세례와 성찬입니다.

I. 세례의 본성

　문/ 세례란 무엇입니까?

답/ 세례는 단순히 물만을 말함은 아니며 하나님의 명령과 그의 말씀에 연관된 물의 성례입니다.

문/ 어느 것이 하나님의 말씀입니까?
답/ 우리 주 예수 그리스도께서 마태복음 28장 19절에 "너희는 가서 모든 족속으로 제자를 삼아 아버지와 아들과 성령의 이름으로 세례를 주라"고 하셨습니다.

244. "세례"란 말의 뜻이 무엇입니까?
답/ 세례라 함은 씻거나 물을 붓거나 뿌리거나 혹은 침례로써 물을 적용한다는 뜻입니다.

616) 또 시장에서 돌아 와서는 물을 뿌리지 않으면 먹지 아니하며 그 외에도 여러 가지를 지키어 오는 것이 있으니 잔과 주발과 놋그릇을 씻음이러라(막 7:4).

617) 일어나 주의 이름을 불러 세례를 받고 너의 죄를 씻으라 하더라(행 22:16).

618) 그는 성령과 불로 너희에게 세례를 주실 것이요(마 3:11).
(주) 행 2:16-17.

245. 왜 성례는 단순한 물만이 아닙니까?
답/ (가) 이 물은 하나님의 특별하신 명령에 의하여 쓰여지며

(나) 성부와 성자와 성령의 이름으로 적용되어 하나님의 말씀과 연결되어 있기 때문입니다.

246. 누가 세례를 제정하셨습니까?

답/ 하나님 자신이 제정하셨고 하나님이신 그리스도께서 그의 교회에 명하셔서 모든 백성에게 세례를 주라 하셨습니다.

619) 예수께서 나아와 일러 가라사대 하늘과 땅의 모든 권세를 내게 주셨으니 그러므로 너희는 가서 모든 족속으로 제자를 삼아 아버지와 아들과 성령의 이름으로 세례를 주고 내가 너희에게 분부한 모든 것을 가르쳐 지키게 하라 볼지어다 내가 세상 끝날까지 너희와 항상 함께 있으리라 하시니라(마 28:18-20).

247. 교회에서는 누구를 통하여 세례를 베풉니까?

답/ 교회에서는 그리스도의 부르심을 받은 목사를 통하여 베풉니다. 그러나 위급한 때 혹은 목사의 부재 시에는 신자 가운데 아무나 세례를 베풀 것입니다.

620) 사람이 마땅히 우리를 그리스도의 일군이요 하나님의 비밀을 맡은 자로 여길지어다(고전 4:1).

248. "성부와 성자와 성령의 이름으로 세례를 주노라"하는 말씀은 무슨 뜻입니까?

답/ 세례를 통하여 내가 삼위일체의 하나님과 교제함에 이르렀다는 뜻입니다.

249. 세례는 누가 받을 것입니까?

답/ 모든 백성, 즉 노소를 막론하고 전인간이 세례를 받을 것입니다.

250. 세례를 베푸는 데 어떠한 구별을 합니까?

답/ (가) 가르침을 받을 만한 사람에게는 저들이 기독교의 중요한 교리를 가르친 다음에 세례를 베풀 것이며

621) 그 말을 받는 사람들은 세례를 받으매(행 2:41).
※ 행 8:26-39; 16:25-33 참고.

(나) 어린아이들에게는 저들을 보호하는 부모나 친척이나 기타 다른 이들이 세례를 받게 하기 위하여 함께 올 때에 세례를 베풀 것입니다.

622) 또 아비들아 너희 자녀를 노엽게 하지 말고 오직 주의 교양과 훈계로 양육하라(엡 6:4).

251. 유아도 세례를 받아야 한다는 것을 어떻게 증명합니까?
답/ (가) 그 유아들도 "모든 백성"이란 말에 포함되었으며

623) 그러므로 너희는 가서 모든 족속으로 제자를 삼아 아버지와 아들과 성령의 이름으로 세례를 주고(마 28:19).

624) 베드로가 가로되 너희가 회개하여 각각 예수 그리스도의 이름으로 세례를 받고 죄 사함을 얻으라 그리하면 성령을 선물로 받으리니 이 약속은 너희와 너희 자녀와 모든 먼데 사람 곧 주 우리 하나님이 얼마든지 부르시는 자들에게 하신 것이라(행 2:38-39).

(나) 세례만이 유일한 길이니 역시 거듭나야 할 유아로 하여금 바른 규칙으로 중생함을 받고 믿음에 이르게 되며

625) 사람들이 예수의 만져 주심을 바라고 어린아이들을 데리고 오매 제자들이 꾸짖거늘 예수께서 보시고 분히 여겨 이르시되 어린아이들의 내게 오는 것을 용납하고 금하지 말라 하나님의 나라가 이런 자의 것이니라 내가 진실로 너희에게 이르노니 누구든지 하나님의 나라를 어린아이와 같이 받들지 않는 자는 결단코 들어가지 못하리라(막 10:13-15).

626) 사람이 물과 성령으로 나지 아니하면 하나님 나라에 들어갈 수 없느니라 육으로 난 것은 육이요 성령으로 난 것은 영이니(요 3:5-6).

(다) 유아도 역시 믿을 수 있습니다.
627) 누구든지 나를 믿는 이 소자 중 하나를 실족케 하면 차라리 연자 맷돌을 그 목에 달리우고 깊은 바다에 빠뜨리우는 것이 나으니라(마 18:6).

252. 교회에서 보증인을 채용하는 목적이 무엇입니까?
답/ 보증인은
 (가) 유아가 정당히 세례를 받은 것을 증거하며
628) 만일 듣지 않거든 한 두 사람을 데리고 가서 두 세 증인의 입으로 말마다 증참케 하라(마 18:16).

(나) 그 아이에게 기독교 교육을 시행함을 돕고 또한 특별히 저의 부모가 사망하는 경우에 그 아이를 양육할 것이며

(다) 유아를 위하여 기도하기 위하여서 입니다.

II. 세례의 축복

문/ 세례는 우리에게 무슨 유익을 줍니까?
답/ 죄를 사하며 죽음과 마귀로부터 벗어나게 하며 이것을 믿는 모든 자에게 영원한 구원을 주는데 이것은 하나님의 말씀과 언약이 증거합니다.

> 문/ 하나님의 말씀과 언약이란 어떤 것입니까?
> 답/ 우리 주 예수 그리스도께서 마가복음 16장 16절에 "믿고 세례를 받는 사람은 구원을 얻을 것이요 믿지 않는 사람은 정죄를 받으리라"고 하셨습니다.

253. 세례는 어떠한 큰 역사를 합니까?

답/ (가) 죄 사함을 주는 일을 하며

629) 너희가 회개하여 각각 예수 그리스도의 이름으로 세례를 받고 죄 사함을 얻으라(행 2:38).

630) 일어나 주의 이름을 불러 세례를 받고 너희 죄를 씻으라(행 22:16).

631) 너희가 다 믿음으로 말미암아 그리스도 예수 안에서 하나님의 아들이 되었으니 누구든지 그리스도와 합하여 세례를 받은 자는 그리스도를 옷입었느니라(갈 3:26-27).

(나) 사망과 마귀에게서 구출하여 내며

632) 무릇 예수 그리스도와 합하여 세례를 받은 우리는 그의 죽으심과 합하여 세례 받은 줄을 알지 못하느뇨(롬 6:3).

(다) 또한 영원한 구원을 줍니다.

633) 믿고 세례를 받는 사람은 구원을 얻을 것이요(막 16:16).

634) 물은 예수 그리스도의 부활하심으로 말미암아 이제 너희를 구원하는 표니 곧 세례라(벧전 3:21).

254. 그러나 그리스도께서는 우리를 위하여 이미 이 모든 은사를

얻어 주시지 않으셨습니까?

답/ 진실로 그리스도께서는 고난과 죽음으로써 우리들을 위하여 이 은사를 얻어 주셨습니다. 그러나 세례는 성령께서 이 모든 은사를 우리의 것으로 만드는 방편입니다.

635) 너희가 다 믿음으로 말미암아 그리스도 예수 안에서 하나님의 아들이 되었으니 누구든지 그리스도와 합하여 세례를 받은 자는 그리스도로 옷입었느니라(갈 3:26-27).

636) 너희 중에 이와 같은 자들이 있더니 주 예수 그리스도의 이름과 우리 하나님의 성령 안에서 씻음과 거룩함과 의롭다 하심을 얻었느니라(고전 6:11).

255. 세례가 이러한 은사를 누구에게 줍니까?

답/ 믿는 모든 사람에게 줍니다. 하나님의 말씀과 언약이 선언하기를 "믿고 세례를 받는 사람은 구원을 얻을 것이요 믿지 않는 사람은 정죄를 받으리라"(막 16:16).

256. 세례 없이도 구원을 받을 수 있습니까?

답/ 불신앙만이 정죄를 받는 것이며 세례 받음을 거절하는 자의 마음 가운데 구원으로 인도하는 신앙이 있을 수 없으며 어떤 이유로 세례 받을 수 없었던 자에게는 구원 받을 수 있는 신앙이 존재할 수 있습니다.

※ 눅 7:30 참고.

III. 세례의 힘

문/ 물이 어떻게 이같은 큰 일을 합니까?

답/ 이렇게 큰 일을 하는 것은 물이 아니라 이에 연결되어 있는 하나님의 말씀과 또한 이 말씀에 대한 우리의 신앙입니다.

하나님의 말씀과 같이하지 않는 물은 단순한 물일 뿐 세례는 아닙니다. 하나님의 말씀과 같이함으로 비로소 세례가 되는데 성령으로 말미암아 거듭나게 되고 깨끗케 되는 생명의 물입니다. 이것은 디도서 3장 5-7절 가운데서 사도 바울이 말씀하신 것과 같습니다. 곧 "우리를 구원하시되 우리의 행한바 의로운 행위로 말미암지 아니하고 오직 그의 긍휼하심을 좇아 중생의 씻음과 성령의 새롭게 하심으로 하셨나니 성령을 우리 구주 예수 그리스도로 말미암아 우리에게 풍성히 부어 주사 우리로 저의 은혜를 힘입어 의롭다 하심을 얻어 영생의 소망을 따라 후사가 되게 하려 하심이라."

이것은 확실한 말씀입니다.

257. 죄 사함, 사망과 마귀에게서의 해방, 구원 등을 어떻게 세례로 말미암아 얻을 수 있습니까?

답/ 하나님의 말씀이 이 은사를 세례 가운데 주셨고 또한 이 언약의 말씀을 믿는 신앙을 통하여 사죄와 생명과 또한 세례 가운데 주어진 구원을 받는 이 은사를 우리의 것으로 만듭니다.

637) 그리스도께서 교회를 사랑하시고 위하여 자신을 주심 같이… 물로 씻어 말씀으로 깨끗하게 하사 거룩하게 하시고(엡 5:25-26).

258. 성서가 세례를 "중생의 씻음과 성령으로 새로워진다"라고 하는 것은 무슨 뜻입니까?

답/ 세례 가운데 성령께서 믿음으로 역사하사 새로운 영적 생활을 우리 가운데 창조하시는 것입니다.

IV. 물 세례의 취지

문/ 물로 세례를 베푸는 것은 무슨 뜻입니까?

답/ 우리 가운데 있는 옛 아담은 모든 죄와 사욕과 더불어 매일의 슬픔과 참회 가운데 죽어지는 한편 하나님 앞에서 의롭고 깨끗하게 영원히 살 새 사람은 거듭나게 되는 것입니다.

문/ 어디 이런 말씀이 기록되어 있습니까?

답/ 사도 바울이 로마서 6장 4절에 "그러므로 우리가 그의 죽으심과 합하여 세례를 받음으로 그와 함께 장사 되었나니 이는 아버지의 영광으로 말미암아 그리스도를 죽은 자 가운데서 살리심과 같이 우리로 또한 새 생명 가운데서 행하게 하려 함이니라"고 하였습니다.

259. 옛 아담이란 무엇입니까?

답/ 옛 아담은 우리 죄의 본성인데 아담의 타락으로 말미암아 와서 생래로부터 우리와 같이 있게 된 것입니다.

638) 너희는 유혹의 욕심을 따라 썩어져 가는 구습을 좇는 옛 사람을 벗어 버리고(엡 4:22).

260. 어떻게 이 옛 아담이 우리 가운데서 궤멸케 됩니까?

답/ 매일의 통회와 회개로써 이루어지며 이로 하여금 우리가 악한 욕망을 대항하고 억제합니다.

639) 그리스도 예수의 사람들은 육체와 함께 그 정과 욕심을 십자가에 못 박았느니라(갈 5:24).

261. 새 사람이란 무엇입니까?

답/ 중생의 씻음으로 말미암아 우리 가운데 창조된 새로운 영적 생명입니다.

640) 누구든지 그리스도 안에 있으면 새로운 피조물이라(고후 5:17).

262. 이 새 사람은 어떻게 하여 생겨납니까?

답/ 우리들이 매일 매일의 죄를 이기며 또한 진실로 경건한 생활을 함에 따라서 생깁니다.

641) 하나님을 따라 의와 진리의 거룩함으로 지으심을 받은 새 사람을 입으라(엡 4:24).

263. 물로써 받은 세례가 어떻게 날마다 옛 사람이 죽어지고 새 사람이 소생함을 의미합니까?

답/ 세례로 말미암아 우리는 그리스도에게 관여하는 사람이 됩니다. 현재 세례를 받은 우리들은 모든 악한 것을 피하고 또한 새 생활 가운데 걸을 것입니다.

264. 우리들은 세례를 받을 때에 무엇을 포기합니까?

답/ 마귀와 또한 그의 하는 일과 수단을 포기합니다.

265. 우리는 세례에 있어서 어떠한 언약 혹은 서약을 세웁니까?

답/ 홀로 삼위 신만을 섬길 것을 언약하고 서약합니다.

266. 언제 어떤 때 우리는 세례의 서약을 새롭게 할 것입니까?

답/ 매일 매일 새롭게 할 것입니다.

5. 천국 열쇠의 직무와 죄의 고백

> 문/ 천국 열쇠의 직무란 무엇입니까?
> 답/ 이것은 그리스도께서 세상에 있는 자의 교회에 주신 특별한 권위인데 회개하는 죄인의 죄를 사하며, 회개치 않는 자의 죄는 그가 회개치 않는 한 이를 그대로 보류한다는 것입니다.
>
> 문/ 어디에 이런 말씀이 기록되어 있습니까?
> 답/ 사도 요한이 요한복음 20장 22-23절에 "저희를 향하사 숨을 내쉬며 가라사대 성령을 받으라 너희가 뉘 죄든지 사하면 사하여질 것이요 뉘 죄든지 그대로 두면 그대로 있으리라"고 하셨습니다.

267. 천국 열쇠직의 권위는 무엇입니까?
답/ 하나님의 말씀을 전하는 것과 성례를 시행하는 것이며 특별히 죄를 사하고 혹은 보류하는 권위입니다.

642) 오직 너희는 택하신 족속이요 왕 같은 제사장들이요 거룩한 나라요 그의 소유된 백성이니 이는 너희를 어두운 데서 불러

내어 그의 기이한 빛에 들어가게 하신 자의 아름다운 덕을 선전하게 하려 하심이라(벧전 2:9).

643) 또 가라사대 너희는 온 천하에 다니며 만민에게 복음을 전파하라(막 16:15).

644) 예수께서 나아와 일러 가라사대 하늘과 땅의 모든 권세를 내게 주셨으니 그러므로 너희는 가서 모든 족속으로 제자를 삼아 아버지와 아들과 성령의 이름으로 세례를 주고 내가 너희에게 분부한 모든 것을 가르쳐 지키게 하라 볼지어다 내가 세상 끝날까지 너희와 항상 함께 있으리라 하시니라(마 28:18-20).

645) 저희를 향하사 숨을 내쉬며 가라사대 성령을 받으라 너희가 뉘 죄든지 사하면 사하여질 것이요 뉘 죄든지 그대로 두면 그대로 있으리라(요 20:22-23).

646) 진실로 너희에게 이르노니 무엇이든지 너희가 땅에서 매면 하늘에서도 매일 것이요 무엇이든지 땅에서 풀면 하늘에서도 풀리리라(마 18:18).

268. 이 권위를 천국 열쇠의 직무라 함은 무슨 뜻입니까?
답/ 이것은 죄를 사함으로써 천국 문을 열고 또한 죄를 보류함으로써 천국 문을 닫는 까닭입니다.

647) 내가 천국 열쇠를 네게 주리니…(마 16:19).

269. 이를 교회의 독특한 권위라 함은 무슨 뜻입니까?
답/ 교회에만 이 권위가 주어진 까닭입니다.

270. 그리스도께서 누구에게 이 권위를 주셨습니까?
답/ 세상에 있는 그의 교회, 특별히 모든 지방 교회들에게 입니다.

648) 네가 땅에서 무엇이든지 매면 하늘에서도 매일 것이요 네가 땅에서 무엇이든지 풀면 하늘에서도 풀리리라(마 16:19). (대표로서 베드로에게 말함).

649) 저희를 향하사 숨을 내쉬며 가라사대 성령을 받으라 너희가 뉘 죄든지 사하면 사하여질 것이요 뉘 죄든지 그대로 두면 그대로 있으리라(요 20:22-23). (모든 제자들에게)

650) 오직 너희는 택하신 족속이요 왕 같은 제사장들이요 거룩한 나라요 그의 소유된 백성이니 이는 너희를 어두운데서 불러내어 그의 기이한 빛에 들어가게 하신 자의 아름다운 덕을 선전하게 하려 하심이라(벧전 2:9). (신자)

651) 만일 그들의 말도 듣지 않거든 교회에 말하고 교회의 말도 듣지 않거든 이방인과 세리와 같이 여기라 진실로 너희에게 이르노니 무엇이든지 너희가 땅에서 매면 하늘에서도 매일 것이요 무엇이든지 땅에서 풀면 하늘에서도 풀리리라…두 세 사람이 내 이름으로 모인 곳에는 나도 그들 중에 있느니라(마 18:17-18, 20). (지방교회)

271. 누구의 죄를 사하셨습니까?
답/ 참회하는 죄인들의 죄입니다.

652) 그러므로 너희가 회개하고 돌이켜 너희 죄 없이 함을 받으라(행 3:19).

272. 참회하는 죄인이란 누구입니까?
답/ 자신의 죄를 슬프게 생각하며 또한 주 예수 그리스도를 구주로 믿는 사람들입니다.

653) 하나님의 구하시는 제사는 상한 심령이라 하나님이여 상하

고 통회하는 마음을 주께서 멸시하지 아니하시리이다(시 51:17).
  654) 주 예수를 믿으라 그리하면 너와 네 집이 구원을 얻으리라 (행 16:31).
  ※ 시 6편; 32편; 51편; 130편; 눅 18:13; 15:11-24; 마 26:75 참고.

273. 참 회개가 가져오는 필연적인 열매는 무엇입니까?
답/ 진실한 기독신자의 생활입니다.
  655) 그러므로 회개에 합당한 열매를 맺고(마 3:8).
  (주) 갈 5:22-24.

274. 누구의 죄가 보류케 됩니까?
답/ 참회하지 않는 죄인의 죄니, 즉 자신의 죄를 슬프게 생각지 않으며 예수 그리스도를 믿지 않는 자들의 죄를 그들이 회개치 않는 한 보류할 것입니다.

목회자의 직무

문/ "저희를 향하사 숨을 내쉬며 가라사대 성령을 받으라 너희가 뉘 죄든지 사하면 사하여질 것이요 뉘 죄든지 그대로 두면 그대로 있으리라"(요 20:22-23). 이 말씀에 의하여 당신은 무엇을 믿습니까?
답/ 예수 그리스도 자신이 우리에게 행하심같이 그리스도의 종된 목사가 하나님의 명하심에 준하여 밝혀진 죄를 회개치 않은 죄인을 교회로부터 제외하며 죄를 회개하고 새롭게 되기를 원하는 자를 사면하여 주는 것이 확실하고 불변의 진리인 것을 나는 믿습니다.

275. 지방 교회가 어떻게 천국 열쇠의 직무를 공공(公共)히 치리(治理)합니까?

답/ 하나님의 뜻에 따라 교회는 그리스도와 그의 교회의 이름으로 천국 열쇠직의 기능을 공공히 치리할 사람을 택하여 목사로 초청합니다(행 20:28; 엡 4:10-12).

656) 사람이 마땅히 우리를 그리스도의 일군이요 하나님의 비밀을 맡은 자로 여길지어다(고전 4:1).

657) 너희는 자기를 위하여 또는 온 양떼를 위하여 삼가라 성령이 저들 가운데 너희로 감독자를 삼고 하나님이 자기 피로 사신 교회를 치게 하셨느니라(행 20:28).

658) 너희가 무슨 일이든지 뉘게 용서하면 나도 그리하고 내가 만일 용서한 일이 있으면 용서한 그것은 너희를 위하여 그리스도 앞에서 한 것이니(고후 2:10).

659) 여자는 일절 순종함으로 종용히 배우라 여자의 가르치는 것과 남자를 주관하는 것을 허락지 아니하노니 오직 종용할지니라(딤전 2:11-12).

276. 그리스도의 부름을 받은 목사들이 하나님의 명하심에 따라서 어떻게 우리들을 취급합니까?

답/ 하나님의 말씀을 설교하며 성례를 시행하며 또한 이 은총의 방편을 통하여 죄 사함을 제공하며 전합니다. 이것은 하늘에 계신 우리 주 예수 그리스도 자신께서 하늘에서 우리를 취급하시는 것과 같은 합법성을 가졌습니다.

교회의 징계와 파문

277. 범죄한 것이 드러났음에도 불구하고 회개치 않는 죄인을 교회는 어떻게 취급할 것입니까?
답/ 이런 죄인은 반드시 교회로부터 제외하여야 합니다.
　660) 이 악한 사람은 너희 중에서 내어 쫓으라(고전 5:13).

278. 범죄한 것이 드러났음에도 불구하고 회개치 않는 죄인을 교회에서 제외할 때에 어떠한 순서를 밟을 것입니까?
답/ 성령이 아래와 같이 교시합니다(충고의 순서-마 18:15-17).
(가) 네 형제가 죄를 범하거든 가서 너와 그 사람과만 상대하여 권고하라. 만일 들으면 네가 네 형제를 얻은 것이요.

(나) 만일 듣지 않거든 한 두 사람을 데리고 가서 두 세 증인의 입으로 말마다 증참케 하라.

(다) 만일 그들의 말도 듣지 않거든 교회에 말하고 교회의 말도 듣지 않거든 이방인과 세리와 같이 여기라.

279. 이와 같이 교회에서 제외하는 행동을 무엇이라 합니까?
답/ 파문이라고 합니다.

280. 교회가 한 죄인을 파문할 때에 그리스도의 부름을 받은 목사의 책임은 무엇입니까?
답/ 교회의 결의안을 수행할 것이니 즉 파문 받은 죄인을 신자의 권리와 특권에서 제외할 것입니다.

281. 이와 같은 교회의 처사를 우리는 어떻게 간주할 것입니까?

답/ 이와 같은 처사는 우리 주 그리스도 자신이 하늘에서 행하심과 같은 합법성과 확실성을 가졌습니다.

661) 진실로 너희에게 이르노니 무엇이든지 땅에서 매면 하늘에서도 매일 것이요…(마 18:18).

282. 파문의 목적은 무엇입니까?

답/ 파문은 파문 받은 자의 영원한 멸망을 욕망하여서가 아니라 오히려 그의 영의 구원을 위하여서 입니다. 그로 하여금 그의 죄의 큼을 보게 하여 회개케 하려는 것입니다.

283. 파문 받은 자가 회개할 때에는 그를 어떻게 취급할 것입니까?

답/ 만일 그가 교회 앞에 그의 죄를 고백하고 개심하기를 약속하면 교인들은(교회는) 다시 그를 한 형제와 같이 받아들일 것입니다.

662) 이러한 사람이 많은 사람에게서 벌 받은 것이 족하도다 그런즉 너희는 차라리 저를 용서하고 위로할 것이니 저가 너무 많은 근심에 잠길까 두려워하노라 그러므로 너희를 권하노니 사람을 저희에게 나타내라…너희가 무슨 일이든지 뉘게 용서하면 나도 그리하고 내가 만일 용서한 일이 있으면 용서한 그것은 너희를 위하여 그리스도 앞에서 한 것이니(고후 2:6-8, 10).

고백과 사죄

문/ 고백이란 무엇입니까?

답/ 고백에는 두 가지 부분이 포함되어 있습니다. 첫째는 우리 죄를 고백함이요, 둘째는 하나님의 일을 맡아 보는 목사로부터 사죄 혹은 사면을 받은 것인데 하늘에 계신 하나님으로부터 직

> 접 사함을 받는 것같이 의심없이 믿는 것입니다.

284. 고백의 첫째 부분은 무엇입니까?
답/ 우리가 우리의 죄를 고백 혹은 자인하는 것입니다.

> 문/ 어떤 죄를 고백할 것입니까?
> 답/ 주기도문 중에서 우리가 드리는 기도와 같이, 알지 못하는 죄까지도 합하여 모든 죄를 하나님 앞에 고백할 것입니다. 그러나 목사 앞에서는 우리가 알 수 있고 마음에 느끼는 죄만 고백할 것입니다.

285. 어떤 죄를 하나님 앞에 고백할 것입니까?
답/ 하나님 앞에서는 우리가 주기도문 다섯째 기원 중에서와 또는 일반 고백 가운데서 행함같이 모든 죄를 고백할 것이며 심지어 우리가 알지 못하는 죄까지 입니다.

   663) 자기 허물을 능히 깨달을 자 누구리요 나를 숨은 허물에서 벗어나게 하소서(시 19:12).

   664) 자기의 죄를 숨기는 자는 형통하지 못하니 죄를 자복하고 버리는 자는 불쌍히 여김을 받으리라(잠 28:13).

   665) 만일 우리가 죄 없다 하며 스스로 속이고 또 진리가 우리 속에 있지 아니할 것이요 만일 우리가 우리 죄를 자백하면 저는 미쁘시고 의로우사 우리 죄를 사하시며 모든 불의에서 우리를 깨끗하게 하실 것이요(요일 1:8-9).

286. 목사 앞에서는 무슨 죄를 고백할 것입니까?

답/ 우리가 인지하며 또한 마음 가운데 느끼는 죄를 고백할 것입니다.

- 일반 고백문 -

전능하시고 자비로우신 하나님 아버지, 연약하고 보잘 것 없는 죄인인 저는 늘 당신의 뜻을 배반하고 이 세상과 내세의 영원한 벌을 받기에 합당한 죄와 잘못을 범한 것을 고백하나이다. 이 모든 죄를 진심으로 슬프게 여겨 회개하오며 주의 무한하신 자비를 간구하오며 주의 독생자 예수 그리스도의 거룩하고 결백하고 참담한 고난을 보시사 불쌍한 죄인인 나에게 은총과 자비를 베풀어 주소서. 아멘.

문/ 루터 박사께서는 우리가 고백하기 전에 자신을 살필 것을 위하여 어떤 교훈을 주셨습니까?
답/ 십계명에 의하여 자신의 입장(혹은 신분)을 살필 것인데 아버지든 어머니든 아들이든 딸이든 주인이든 종이든 간에 하나님께 불복종하였거나 불신실하였거나 또는 태만하였거나 말과 행실로써 어떤 사람을 슬프게 하였거나 남의 것을 훔쳤거나 등한시 했거나 어떤 잘못을 저질렀거나 혹은 다른 사람을 상하게 하지 않았는가를 살필 것입니다.

287. 고백의 둘째 부분은 무엇입니까?
답/ 우리가 사죄를 받는 것입니다.

- 사죄 선언문 -

지금 행한 신앙고백에 의하여 소명을 받고 안수 받은 하나님의 말씀의 종인 나는 나의 성직의 힘으로 여러분들에게 하나님의 은총을 선포하며 내 주 예수 그리스도를 대신하여 그의 명하심에 따라 여러분의 죄를 성부와 성자와 성령의 이름으로 사하노라. 아멘.

288. 목사로부터 선포된 사죄를 우리는 어떻게 생각할 것입니까?
답/ 하나님 자신이 선언하심과 같이 생각할 것이며 결코 의심하지 말고 이 사죄 선언으로 말미암아 하늘에 계신 하나님 앞에 우리의 모든 죄가 사함 받은 것으로 확실히 믿을 것입니다.

666) 너희가 뉘 죄든지 사하면 사하여질 것이요 뉘 죄든지 그대로 두면 그대로 있으리라(요 20:23).

667) 무엇이든지 너희가 땅에서 매면 하늘에서도 매일 것이요 무엇이든지 땅에서 풀면 하늘에서도 풀리리라(마 18:18).

289. 외식하는 자, 즉 입으로는 죄를 고백하고 마음으로는 회개치 않는 자도 죄 사함을 받습니까?
답/ 받지 못합니다. 저들은 사죄를 저들에게 허락하시는 하나님의 은총을 받지 않았습니다.

668) 그러나 그 들은바 말씀이 저희에게 유익되지 못한 것은 듣는 자가 믿음을 화합지 아니함이라(히 4:2).

290. 이웃에게 잘못한 일이나 슬프게 한 일이 있을 때 신자는 그에게 자기 잘못을 고백할 것입니까?
답/ 반드시 할 것입니다. 만일 안 한다면 이는 하나님 앞에도 그의 죄를 고백하지 않는다는 증거이기 때문입니다.

669) 이러므로 너희 죄를 서로 고하며…(약 5:16).

670) 그러므로 예물을 제단에 드리다가 거기서 네 형제에게 원망들을 만한 일이 있는 줄 생각나거든 예물을 제단 앞에 두고

먼저 가서 형제와 화목하고 그 후에 와서 예물을 드리라(마 5:23-24).

291. 우리는 일반 고백 외에 어떤 고백을 가졌습니까?
답/ 목사 앞에서 하는 사사(私事) 혹은 개인 고백이 있습니다.

292. 신자는 목사 앞에 반드시 그의 죄를 사사로이 고백해야 합니까?
답/ 강제로 할 것은 아닙니다.

293. 목사 앞에 어떠한 죄를 고백할 것입니까?
답/ 우리가 알고 또한 마음에 느끼는 죄들입니다.

294. 이와 같은 사사 고백으로써 무슨 유익을 얻습니까?
답/ 우리의 죄 특히 양심에 가책되는 것으로부터 사함을 받게 될 때 안위감을 주는 보증을 받게 되는 것입니다.
   671) 소자야 안심하라 네 죄 사함을 받았느니라(마 9:2).
   672) 다윗이 나단에게 이르되 내가 여호와께 죄를 범하였노라 하매 나단이 다윗에게 대답하되 여호와께서도 당신의 죄를 사하셨나니 당신이 죽지 아니하려니와(삼하 12:13).

295. 우리 비밀이 누설될까 하여 우리의 고백을 두려워하여야 할 것입니까?
답/ 목사는 이와 같은 사사 고백의 비밀을 굳게 지킬 것입니다.

6. 성단의 성례

296. 성단의 성례는 다른 이름으로는 무엇이라고 부릅니까?
답/ 주의 만찬, 주님의 식탁, 성례, 떡을 뗌, 성만찬 등입니다.

673) 그런즉 너희가 함께 모여서 주의 만찬을 먹을 수 없으니 (고전 11:20).

674) 너희가 주의 상과 귀신의 상에 겸하여 참예치 못하리라 (고전 10:21).

675) 떡이 하나요 많은 우리가 한 몸이니 이는 우리가 다 한 떡에 참예함이라(고전 10:17).

(주) 고전 10:16.

676) 저희가 사도의 가르침을 받아 서로 교제하며 떡을 떼며 기도하기를 전혀 힘쓰니라(행 2:42).

677) 이것을 행하여 나를 기념하라(고전 11:24).

I. 성찬의 본성

문/ 성단의 성례란 무엇입니까?

> 답/ 성찬식에서 받는 잔과 떡은 우리 주 예수 그리스도의 참 피와 살인데 그리스도 자신께서 우리로 하여금 행하도록 세워 주신 성례입니다.
>
> 문/ 어디에 이런 사실이 기록되어 있습니까?
> 답/ 거룩한 복음서기자 마태, 마가, 누가와 사도 바울께서 쓰기를, "주 예수께서 잡히시던 밤에 떡을 가지사 축사하시고 떼어 가라사대 '이것은 너희를 위하는 내 몸이니 이것을 행하여 나를 기념하라' 하시고 식후에 또한 이와 같이 잔을 가지시고 가라사대 '이 잔은 내 피로 세운 새 언약이니 이것을 행하여 마실 때마다 나를 기념하라'고 하셨습니다."

(주) 마 26:26-28; 막 14:22-24; 눅 22:19-20; 고전 11:23-25.

297. 누가 이 성례를 창설하셨습니까?
답/ 진실하시고 전지 전능하신 신이시며 인간이신 우리 주 예수 그리스도께서 창설하셨습니다.

678) 여호와의 말씀은 정직하며 그 행사는 다 진실하시도다(시 33:4).

679) 우리 가운데서 역사하시는 능력대로 우리의 온갖 구하는 것이나 생각하는 것에 더 넘치도록 능히 하실 이에게 교회 안에서와 그리스도 예수 안에서 영광이 대대로 영원 무궁하기를 원하노라 아멘(엡 3:20-21).

298. 성찬의 볼 수 있는 요소는 무엇입니까?
답/ 가루로 만든 떡과 포도 열매로 만든 술입니다.

299. 그리스도께서 이 요소를 통하여 무엇을 우리에게 주십니까?

답/ 그리스도께서 떡과 포도주를 통하여 그의 참 몸과 피를 우리에게 주십니다(진실한 존재).

300. 성찬 가운데 그리스도의 몸과 피의 진실한 존재를 믿는 이유가 무엇입니까?

답/ (가) 예수님께서 말씀하신 까닭으로, 즉 "이것은 너희를 위하여 주는 내 몸이니," "이는 너희를 위하여 흘린 나의 새 언약의 피니"(마 26:26-28; 막 14:22-24; 눅 22:19-20; 고전 11:24-25).

(나) 성서에 기록하기를 그 잔은 그리스도의 피와 교제하는 것이며 떡을 그리스도의 몸과 교제하는 것이라 기록되어 있습니다.

680) 우리가 축복하는바 축복의 잔은 그리스도의 피에 참예함이 아니며 우리가 떼는 떡은 그리스도의 몸에 참예함이 아니냐(고전 10:16).

(다) 성서에 말씀하시기를 합당치 않게 성찬을 받는 자는 그가 받는 떡과 술에 대하여 범죄함이 아니라 그리스도의 몸과 피에 대하여 범죄함이라 하셨습니다.

681) 그러므로 누구든지 주의 떡이나 잔을 합당치 않게 먹고 마시는 자는 주의 몸과 피를 범하는 죄가 있느니라(고전 11:27).

(라) 아무라도 하나님의 규정과 언약의 뜻을 변경할 권리를 가지고 있지 않습니다.

682) 가라사대 이것은 많은 사람을 위하여 흘리는바 나의 피 곧 언약의 피니라(막 14:24).

683) 사람의 언약이라도 정한 후에는 아무나 폐하거나 더하거나 하지 못하느니라(갈 3:15).

301. 떡과 술이 그리스도의 몸과 피로 변합니까?
답/ 아닙니다. 변하지 않습니다. 성서가 바로 말씀하시기를 성찬 가운데 떡과 술이 계속하여 존재한다고 합니다.

684) 너희가 이 떡을 먹으며 이 잔을 마실 때마다 주의 죽으심을 오실 때까지 전하는 것이니라 그러므로 누구든지 주의 떡이나 잔을 합당치 않게 먹고 마시는 자는 주의 몸과 피를 범하는 죄가 있느니라 사람이 자기를 살피고 그 후에야 이 떡을 먹고 이 잔을 마실지니(고전 11:26-28).

685) 우리가 축복하는바 축복의 잔은 그리스도의 피에 참예함이 아니며 우리가 떼는 떡은 그리스도의 몸에 참예함이 아니냐(고전 10:16).

302. 우리 주 그리스도께서 떡과 술을 통하여 신자들에게 그의 몸과 피를 주시는 까닭이 무엇입니까?
답/ 우리 신자들로 하여금 그의 몸과 피를 먹고 마시게 하기 위하여서 입니다.

303. 성찬에 참예하는 모든 교인은 이 잔을 받을 것입니까?
답/ 성찬에 참예하는 모든 교인은 떡뿐만 아니라 잔도 받을 것입니다. 주님께서 말씀하시기를 "너희가 다 이것을 마시라"(마 26:27).

686) 다 이를 마시매(막 14:23).

304. 우리는 성찬식에서 받는 떡과 술을 숭배할 것입니까?

답/ 아닙니다. 숭배할 것이 아닙니다. 주님께서 말씀하시기를 우리들은 떡을 먹고 술을 마실 것이라 하셨습니다.

305. 성찬을 산 자와 죽은 자의 죄를 위한 피 안 섞인 제사로서 취급할 것입니까?

답/ 아닙니다. 이와 같은 생각은 그리스도께서 모든 죄를 위하여 완전히 속죄하사 드리신 유일한 제사를 가르치는 하나님의 말씀에 위반되는 것입니다.

687) 저가 한 제물로 거룩하게 된 자들을 영원히 온전케 하셨느니라…이것을 사하였은즉 다시 죄를 위하여 제사 드릴 것이 없느니라(히 10:14-18).

306. 성찬에 참예하는 교인들은 어떠한 방법으로 떡과 잔을 받을 것입니까?

답/ 다른 어떤 음식을 받는 것과 다름없이 자연스러운 태도로써 받을 것입니다.

307. 그리스도의 몸과 피를 어떻게 받을 것입니까?

답/ 떡과 잔을 받는 것같이 그리스도의 몸과 피도 입으로 받되 그러나 초자연적인 방법으로 받습니다.

308. 이와 같이 떡과 잔을 통하여 받는 그리스도의 몸과 피를 먹고 마시는 것을 무엇이라 칭합니까?

답/ 이는 단지 성단의 성례 중에서만 받을 수 있는 것이므로 이를 성례의 먹음과 마심이라 합니다.

309. 우리 주 그리스도께서도 "이것을 행하여 나를 기념하라" 하시는 말씀 가운데 그는 무엇을 요구하십니까?

답/ 주님의 교회에 있어서 성찬을 영구히 시행할 것과 우리가 주의 만찬을 먹고 마실 때마다 그의 죽으심을 특별히 기억하고 선포할 것입니다.

688) 너희가 이 떡을 먹으며 이 잔을 마실 때마다 주의 죽으심을 오실 때까지 전하는 것이니라(고전 11:26).

310. 어떠한 때에 우리들이 참 주님의 만찬을 받습니까?

답/ 그리스도께서 규정하심에 따라 성찬을 시행할 때뿐입니다. 그가 말씀하시기를 "이를 행하라" 하셨습니다.

311. 세례를 받는 것과 같이 성찬도 우리 일생에 단 한 번만 받을 것입니까?

답/ 아닙니다. 때때로 받을 것입니다. 사도 바울이 말씀하시기를 "너희가 이 떡을 먹으며 이 잔을 마실 때마다…"라고 하셨습니다.

312. 왜 우리는 성찬을 종종 받을 것입니까?

답/ (가) 그리스도께서 우리에게 명하시기를 "이것을 행하여 나를 기념하라"고 하셨습니다

689) 잔을 가지시고 가라사대 이 잔은 내 피로 세운 새 언약이니 이것을 행하여 마실 때마다 나를 기념하라 하셨으니 너희가 이 떡을 먹으며 이 잔을 마실 때마다 주의 죽으심을 오실 때까지 전하는 것이니라(고전 11:25-26).

690) 저희가 사도의 가르침을 받아 서로 교제하며 떡을 떼며 기도하기를 전혀 힘쓰니라(행 2:42).

(나) 그리스도께서 우리에게 복을 베푸실 것을 약속하여 말씀하시기를 "너희 죄 사함을 위하여 주시고 흘리신 것이니"라고 하셨습니다.

691) 수고하고 무거운 짐진 자들아 다 내게로 오라 내가 너희를 쉬게 하리라(마 11:28).

(다) 우리는 죄 사함을 받아야 하며 마귀와 속세와 죄악된 인간성에 대항하는 힘이 필요한 까닭입니다.

II. 성찬의 유익한 점

문/ 이와 같이 먹고 마시는데 무슨 유익이 있습니까?
답/ 이하에 기록한 말씀에 "너희 죄 사함을 위하여 그의 몸을 주시고 피를 흘리셨느니라." 즉 속죄의 성례이니 이 말씀을 통하여 생명과 구원을 우리에게 주셨습니다. 속죄가 있는 곳에 생명과 구원이 있는 것입니다.

313. "너희 죄 사함을 위하여 주시고 흘리신 것이라"하신 말씀은 무엇을 우리에게 말합니까?
답/ 우리를 위하여 자신의 몸과 피로써 사죄를 이룩하신 그리스도께서는 성찬 가운데서 이것을 받는 모든 사람들에게 사죄의 증거로서 같은 몸과 피를 주심을 일러줍니다.

314. 우리는 사죄와 함께 또한 무엇을 받습니까?
답/ 생명과 구원을 받습니다.

315. 그러면 어떠한 목적으로 주님의 식탁을 대합니까?

답/ (가) 먼저 우리의 죄 사함을 받고 이로써 주 예수 그리스도를 믿는 믿음 가운데 강건하여지기 위하여서와

692) 이것은 너희를 위하여 주는 내 몸이라 너희가 이를 행하여 나를 기념하라…이 잔은 내 피로 세우는 새 언약이니 곧 너희를 위하여 붓는 것이라(눅 22:19-20).

(나) 거룩한 생활을 위하여 힘을 받으며,

693) 저가 모든 사람을 대신하여 죽으심은 산 자들로 하여금 다시는 저희 자신을 위하여 살지 않고 오직 저희를 대신하여 죽었다가 다시 사신 자를 위하여 살게 하려 함이니라…그런즉 누구든지 그리스도 안에 있으면 새로운 피조물이라(고후 5:15-17).

(다) 우리가 교제하는 사람들과 함께 같은 신앙 가운데 거하는 것을 증거하기 위하여서 입니다.

(주) 행 2:42; 고전 10:17.

III. 성찬의 힘

문/ 어떻게 육체를 통하여 먹고 마시는 것이 이같이 큰 일을 할 수 있습니까?

답/ 이 성례의 주지(主旨)는 육체를 통하여 먹고 마심이 아니라 우리에게 주신 하나님의 귀한 말씀입니다. "속죄를 위하여 그의 몸을 주시고 피를 흘리셨느니라"는 말씀을 믿는 사람은 이 언약 중에 쓰여진 속죄를 얻을 수 있습니다.

316. 먹고 마시는 것이 죄 사하는 힘을 가졌습니까?

답/ 아닙니다. 진실로 이 먹고 마시는 것이 죄 사함을 주는 것이 아닙니다.

317. 그러면 성찬이 어떻게 사죄를 줍니까?
답/ "너희 죄 사함을 위하여 주시고 흘리신 것이니"라고 하신 말씀대로 그리스도께서 성찬 가운데 죄 사함을 주셨고 또한 사죄를 성찬 받은 모든 자에게 제공하셨고 확증하셨습니다. 그러므로 이 말씀은 성찬의 중요한 것입니다.

318. 우리는 어떻게 이 은혜를 받습니까?
답/ 오직 이 말씀을 믿음으로써 입니다. "너희 죄 사함을 위하여 주시고 흘리신 것이니…"

IV. 성찬의 유익한 사용법

문/ 그러면 누가 이 성례를 받기에 합당합니까?
답/ 몸과 마음으로 경건히 준비하는 것도 가하나 이 말씀 즉 "너희 죄 사함을 위하여 그의 몸을 주시고 피를 흘리셨느니라"를 믿는 사람이 합당하며 잘 준비한 자입니다. 이 말씀을 믿지 않거나 의심하는 사람은 성례를 받기에 합당치 않습니다. "저희를 위하여"란 말은 모든 사람들이 믿을 것을 명하고 있기 때문입니다.

319. 우리들이 성찬 받는 자의 참 가치를 고려하는 이유가 무엇입니까?
답/ 사도 바울이 명확히 우리에게 가르치기를 "사람이 자기를 살피고 그 후에야 이 떡을 먹고 이 잔을 마실지니 주의 몸을 분변치 못하고 먹고 마시는 자는 자기의 죄를 먹고 마시는 것이니라"(고전 11:28-29).

320. 성찬을 받기 전에 금식하는 것이 필요합니까?
답/ 그리스도께서는 아무 데도 이것을 명하였거나 금한 일이 없습니다.

321. 그러면 참 가치를 위하여 어떤 다른 육체적 준비를 명하신 것이 있습니까?
답/ 명하신 일이 없습니다. 그러나 성찬에 대한 올바른 태도로 하여금 겸손과 존경함으로써 주의 식탁에 참예하는 것입니다.

322. 참 가치는 무엇입니까?
답/ 이 말씀을 믿는 믿음에 있습니다. "너희 죄를 사하기 위하여 주시고 흘리신 것이니…"

323. 성찬 받을 만한 자격이 없으며 준비하지 않은 자란 어떤 사람입니까?
답/ 이상의 말씀을 믿지 않거나 혹은 의심하는 자는 성찬 받을 자격이 없으며 준비하지 못한 자입니다. "너를 위하여"란 말은 모든 사람으로 하여금 믿을 것을 요구하는 까닭입니다.

324. 성찬을 받기 전에 우리 자신을 어떻게 살필 것입니까?
답/ (가) 우리가 참으로 우리 죄를 회개하였는지

(나) 예수 그리스도를 우리 구주로 믿는지

(다) 또한 성령이신 하나님의 도우심으로 이제부터 우리들이 우리의 죄악된 생활을 고치려는 선하고 진실한 목적을 가졌는지 안 가졌는지를 살필 것입니다.

325. 믿음이 약한 신자들이 주의 식탁에 참예할 수 있습니까?
답/ 진실로 할 수 있습니다. 그리하여 저들의 믿음이 강하게 될 것입니다.
    694) 내가 믿나이다 나의 믿음 없는 것을 도와주소서(막 9:24).
    695) 상한 갈대를 꺾지 아니하며 꺼져가는 등불을 끄지 아니하고…(사 42:3).
    696) 내게 오는 자는 내가 결코 내어쫓지 아니하리라(요 6:37).

326. 누구에게 성찬을 거부할 것입니까?
답/ (가) 불경건하고 회개치 않는 자들에게와
    697) 주의 몸을 분변치 못하고 먹고 마시는 자는 자기의 죄를 먹고 마시는 것이니라(고전 11:29).

(나) 범죄하고 또한 이를 회개치 않는 자와
    698) 그러므로 예물을 제단에 드리다가 거기서 네 형제에게 원망들을 만한 일이 있는 줄 생각나거든 예물을 제단 앞에 두고 먼저 가서 형제와 화목하고 그 후에 와서 예물을 드리라(마 5:23-24).

(다) 자신을 살필 수 없는 사람들, 즉 어린아이와 적당한 가르침을 받지 않은 성인과 또한 무의식 중에 있는 사람들에게며

699) 사람이 자기를 살피고 그 후에야 이 떡을 먹고 이 잔을 마실지니(고전 11:28).

(라) 성찬은 신앙의 일치를 증거하는 것이므로 다른 신앙을 가진 사람에게도 역시 거절할 것입니다.
700) 저희가 사도의 가르침을 받아 서로 교제하며 떡을 떼며 기도하기를 전혀 힘쓰니라(행 2:42).
701) 형제들아 내가 너희를 권하노니 너희 교훈을 거스려 분쟁을 일으키고 거치게 하는 자들을 살피고 저희에게서 떠나라(롬 16:17).

327. 교회는 우리와 같이 성단에서 교제하기를 원하는 이들에게 무엇을 구할 것입니까?
답/ 저들의 의향을 목사에게 알리도록 말하여 목사로 하여금 저들의 영적 복리를 위하여 말할 기회를 가지도록 할 것입니다.

328. 어떤 사람에게 주의 식탁에 참예함이 허락됩니까?
답/ 충분한 가르침을 받은 자와 또한 저들의 신앙을 자세히 고백한 사람들입니다.

329. 그러면 이미 유아세례나 다른 교파에서 세례를 받은 자를 위하여는 어떤 관례를 지킵니까?
답/ 확증의 관례를 지킵니다.

330. "확증"이란 무엇입니까?
답/ 확증이란 세례 받은 자로 하여금 그의 세례 서약을 새롭게 하며 그의 신앙을 공공(公共)히 고백하며 또한 교회로 하여금 그의 성찬 참여 교인으로 받아들이는 의식입니다.

331. "확증"하는 날에 일반 교인들의 기도는 무엇이겠습니까?

답/ 가르침을 받은 자를 위하여 기도할 것인데 저로 하여금 은총 중에 성장하며 저들의 신앙고백에 서서 확고하며 모든 선한 일에 결실이 많고 또한 나중에 생명의 면류관을 얻도록 기도할 것입니다.

702) 네가 죽도록 충성하라 그리하면 내가 생명의 면류관을 네게 주리라(계 2:10).

703) 네가 가진 것을 굳게 잡아 아무나 네 면류관을 빼앗지 못하게 하라(계 3:11).

부 록

1. 성서의 구분
2. 신조와 신앙고백서
3. 세계적인 공동신조 본문
4. 교회력법
5. 십계명 구분에 대하여
6. "음부에 내리신지"
7. 말틴 루터의 서문

1. 성서의 구분

구약・・・・・합 39권

역 사 서: 창세기, 출애굽기, 레위기, 민수기, 신명기(이상을 모세오경이라고 한다). 여호수아, 사사기, 룻기, 사무엘 상, 사무엘 하, 열왕기 상, 열왕기 하, 역대 상, 역대 하, 에스라, 느헤미야, 에스더.
시 　경: 욥기, 시편, 잠언, 전도서, 아가.
대 예언서: 이사야, 예레미야, 애가, 에스겔, 다니엘.
소 예언서: 호세아, 요엘, 아모스, 오바댜, 요나, 미가, 나훔, 하박국, 스바냐, 학개, 스가랴, 말라기.

신약・・・・・합 27권

전기(傳記): 마태복음, 마가복음, 누가복음, 요한복음.
역 사 서: 사도행전.
바울서신: 로마서, 고린도 전서, 고린도 후서, 갈라디아서, 에베소

　　　　　　서, 빌립보서, 골로새서, 데살로니가 전서, 데살로니가 후
　　　　　　서, 디모데 전서, 디모데 후서, 디도서, 빌레몬서.
일반서신: 히브리서, 야고보서, 베드로 전서, 베드로 후서, 요한 1
　　　　　　서, 요한 2서, 요한 3서, 유다서.
예 언 서: 요한계시록.

2. 신조와 신앙고백서

우리 루터 교회에서는 우리들의 신앙을 표시하는데 다음과 같은 신조와 신앙고백서를 사용한다.

공동신조

1. 사도신조
2. 니카야 신조
3. 아다나시안 신조

복음주의 루터 교회의 신앙고백서

1. 아우그스부르그 신앙고백서
2. 아우그스부르그 신앙고백 변증론
3. 슈말칼드 신조
4. 루터의 소교리문답서
5. 루터의 대교리문답서

6. 화협(和協)신조

이상의 여섯 신앙고백서와 공동신조를 합한 것이 일치신조서이며 1589년에 처음으로 출판되었다.

3. 세계적인 공동신조 본문

I. 사도 신조
(가장 오래 된 신조이며 기독교의 신앙을 간단 명확하게 요약한 것.)

전능하사 천지를 만드신 하나님 아버지를 내가 믿사오며 그의 외아들 우리 주예수 그리스도를 믿사오니 이는 성령으로 잉태하사 동정녀 마리아에게 나시고 본디오 빌라도에게 고난을 받으사 십자가에 못 박혀 죽으시고 장사하여 음부에 내리신지 삼 일 만에 죽은 자 가운데서 다시 살아나시며, 하늘에 오르사 전능하신 하나님 아버지 우편에 앉아 계시다가 저리로부터 산 자와 죽은 자를 심판하러 오시리라. 성령을 믿사오며, 거룩한 그리스도의 교회와 성도가 서로 사귀는 것과 죄를 사하여 주시는 것과 몸이 다시는 사는 것과 영원히 사는 것을 믿사옵나이다. 아멘.

II. 니카야 신조
(주후 325년 니카야에 집합했던 제 1기독교 총회에서 채택된 것.)

저는 유일 무이하시고 전능하시며 천지와 모든 보이는 것과 보이지 않는 것을 창조하신 하나님 아버지를 믿사오며 유일하신 주 예수 그리스도를 믿습니다. 그는 하나님의 독생자이시며 온 우주에 앞서 나셨고 참 신이시며 참 빛이시며 참 신 가운데 신이시며 하나님에게서 나셨고 창조함을 받지 않으셨고 성부 하나님과 같은 본질이시며 그로 말미암아 모든 만물이 창조되었고 모든 인간들과 우리의 구원을 위하여 하늘에서 내려 오셨고 성령으로써 동정녀 마리아에게서 인간으로 나셨고 우리를 위하여 본디오 빌라도에게 십자가에 달려 죽으셨습니다. 그는 고난을 받으시고 장사함을 받으셨으나 제 삼일째 되는 날 성서에 기록된 말씀에 따라 다시 살아 나셨고 하늘에 올라 가시사 성부의 오른 편에 앉으셨으며 장차 산 자와 죽은 자들을 심판하러 영광 가운데 다시 오실 것인데 그의 나라는 영원 무궁합니다. 저는 성령을 믿습니다. 그는 주 이시며 생명을 주시는 분이시며 성부와 성자에게서 생기시고 성부와 성자와 더불어 예배와 영광을 받으시며 그에게 관하여 이미 예언자들이 말씀하셨습니다. 저는 유일하고 거룩한 그리스도와 사도의 교회를 믿사오며 죄 사함을 위한 유일한 세례를 인정하며 죽음에서의 부활을 고대하며 장차 올 영원한 나라의 생명을 믿습니다. 아멘.

Ⅲ. 아다나시안 신조

(교부 아다나시우스의 이름을 따라 씀. 6, 7세기 혹은 더 일찍이 쓰여 졌다고 역사가들은 각기 주장한다.)

    구원 받으려는 이는 누구든지 우선 그리스도교의 정통신앙을 가지는 것이 필요합니다.
    누구든지 이 신앙을 완전하고 순결하게 지키지 않으면 틀림없이 영원한 멸망을 받을 것입니다.

　이 정통신앙이란 이런 것입니다. 곧 삼위로서 일체이시고 일체 가운데 삼위이신 유일하신 하나님을 믿는 것입니다.

　이 삼위를 혼동하거나 한 본질을 분리함 없이 성부의 한 위가 계시고, 성자의 다른 한 위가 계시고, 또 성령의 다른 한 위가 계십니다. 그러나 성부와 성자와 성령은 다 하나이시며 그의 영광도 같으며, 그의 주권도 동일하게 영원합니다.

　성부께서 계신 것같이 성자도 그러하시며 성령도 그러하십니다.

　곧 성부께서 창조함 받지 않은 것같이 성자도 창조함 받지 않으셨으며 성령도 창조함 받지 않으셨습니다.

　성부께서 이해할 수 없는 분이신 것같이 성자도 이해할 수 없는 분이시고 성령도 이해할 수 없는 분이십니다.

　성부께서 영원하신 것같이 성자도 영원하시며 성령도 영원 하십니다. 그러나 그들은 세 영원한 분들이 아니시며 한 영원한 분이십니다.

　세 창조함 받지 않은 분이나 세 이해할 수 없는 분이 아니시며 한 창조함 받지 않은 분이시며 한 이해할 수 없는 분이십니다.

　이와 같이 성부도 전능하시고 성자도 전능하시고 성령도 전능하십니다.

　그러나 세 전능자가 아니라 한 전능자이십니다. 이와 같이 성부도 신이시며 성자도 신이시며 성령도 신이십니다. 그러나 그들은 세 주가 아니시며 한 주이십니다.

　우리가 그리스도의 진리에 의하여 삼위의 각 위가 신이시며 주이심을 인증 아니할 수 없는 것같이 세 신, 세 주가 있다는 것은 그리스도의 정통종교에 의하여 금지되었습니다.

　성부는 만들어 지지 않았으니 곧 창조함 받지도 않으시고 나지도 않으셨습니다. 성자는 성부에게서만 나시며 만들어 지셨거나 창조되신 것이 아니고 낳으신 것입니다. 성령은 성부와 성자에게서 생기셨으며 만들어 지셨거나 창조되셨거나 나신 것이 아니고 생기신 것입니다.

그러므로 한 성부이시고 세 성부가 아니시며, 한 성자이시고 세 성자가 아니시며, 한 성령이시고 세 성령이 아니십니다.

그리고 이 삼위에 있어서 어느 한 위가 다른 한 위의 전이나 후가 될 수 없으며 어느 한 위가 다른 한 위보다 크거나 작을 수도 없습니다.

삼위의 전부가 동일하게 영원하시며 같이 동등하시므로 상술한 것과 같이 모든 것에 있어서 삼위로서의 일체와 일체로서의 삼위가 예배를 받으시는 것입니다.

그러므로 구원을 받으려는 이는 삼위일체에 관하여 이와 같이 믿지 않으면 안될 것입니다.

동시에 영원한 구원을 위하여 우리 주 예수 그리스도의 화신(化身)을 정확히 믿는 것이 필요합니다.

바른 신앙이란 하나님의 아들이신 우리 구주 예수 그리스도께서 신이시며 인간이신 것을 믿고 고백하는 것입니다.

성부의 본질에서 나신 신이시며 온 우주에 앞서 나셨으며 인간으로서의 성모 마리아의 본질로부터 나셔서 세상에 오신 것입니다.

이성 있는 영과 인간의 육신으로서 생존하시는 완전한 신이시며 완전한 인간이십니다.

그의 신성으로서는 성부와 동등하시며 그의 인성으로서는 성부보다 낮은 것입니다. 신이며 인간이실지라도 그는 둘이 아니시며 한 그리스도입니다.

하나됨에 있어서는 그의 신성이 육신화함으로써가 아니며 그의 인성을 신성 안에 받음으로써 입니다. 온전히 하나인데 본질의 혼동으로써가 아니며 삼위의 통일로써 입니다.

이성 있는 영과 육신이 한 사람인 것같이 신이시며 인간이신 그도 한 그리스도이십니다.

그는 우리의 구원을 위하여 고난을 받으시고 음부에 내리신지 삼일 만에 죽은 자 가운데서 다시 살아 나셨고 하늘에 오르시사 전능하신 하나님 아버지 우편에 앉아 계시다가 저리로부터 산 자와 죽은 자를 심판하러 오실 것입니다.

그가 오실 때 모든 사람들은 그들의 몸으로써 부활할 것이며 각자가 행한 행위의 연고를 자세히 진술할 것입니다.

선을 행한 사람은 영원한 생명에 들어갈 것이나 악을 행한 사람은 영원한 불에 들어갈 것입니다. 이것이 곧 정통신앙입니다. 이를 진실되고 굳게 믿지 않는 사람은 구원을 받지 못하는 것입니다.

아멘.

4. 교회력법(敎會曆法)

 교회 연력은 그리스도의 생애 중에 중요한 사건들을 기억하기 위하여 만들어진 역서이다. 그 순서는 다음과 같다.

강림절 - 4주일
성탄절 - 크리스마스
할례일 - 1월 1일
현현 기념일 - 1월 6일
현현절 - 현현 기념일 후 첫째 주일부터 여섯째 주일까지
　　　　 (부활절 날짜에 의하여 좌우된다.)
수난절 전 삼 주일 - 수난절 전 셋째, 둘째, 첫째 주일
성회 수요일 - 수난절의 첫째 날
수난절 여섯 주일 - 여섯째 주일은 종려주일
성 주간 - 부활절 전(前)주와 성 목요일과 성 금요일을 포함한다.
부활절
부활절 후 다섯 주일
승천 기념일 - 부활절 후 40일

승천후 주일

성령강림절 - 부활절 후 50일 만에 온다.

삼위일체 축일 - 삼위일체 후 22주일부터 27개 주일까지였을 수 있다.

10월 31일은 종교개혁 기념일이다.

5. 십계명의 구분에 대하여

    십계명은 모세가 시내산에서 하나님으로부터 받아서 이스라엘 백성에게 전달한 하나님의 열 가지 계명이다. 구약의 출애굽기 32장 19절에 의하면 모세는 두 개의 석판 위에 새겨진 하나님의 계명을 가지고 내려오다가 그 백성이 만든 우상을 보고 노하여 석판을 손에서 내려뜨려 깨뜨렸다. 그 후에 다시 다른 석판에 옮겨 썼다. 이것이 법궤에 넣어져 보존된 것이다.
    이 석판에 새겨진 십계명이 첫 계명부터 마지막 계명까지 명확히 구분되어 있었다면 아무 문제도 없었겠으나 그렇게 구분되어 있지 않았기 때문에 여기에 대한 의견이 나타나게 된 것이다.
    성서에, 출애굽기 20장 2-17절과 신명기 5장 6-21절에 기록되어 있다. 그 내용은 거의 같으나 다음의 두 곳에서 약간 달리하고 있다. 먼저 출애굽기 20장 9-11절에서는 안식일을 지키는 이유가 엄격한 신학적인 성격의 것이고 인간이 하나님께 예배 드리는 것과 관련되어 있다. 그리고 여기에는 이스라엘 백성의 애굽 종살이에 대한 이야기가 나오지 아니한다. 그러나 같은 내용의 계명이 실려진 신명기 5장 13-15절에서는 이것이 이스라엘 백성의 애굽 종살이에 대한 회상에서 나타나는 인자함과 관련된다. 둘째로 출애굽기 20장 17절에서는 "탐내지 말라"는 금령이 이웃의 아내와 함께 이웃의 집과 남녀 종과 가축에게까지 동일하게 적용되고 있다. 그러나 같은 내용이 기록된 신명기 5장 21절에서는 이 금령이 이웃의 아내에게 대한 것과 그리고 이웃의 남녀 종과 가축에 대한 것이 따로 구분되어 다른 가축이나 재산에 대한 것과는 달리 여자에게는 여자로서의 존엄성이 인정되어 있다. 물론 이 두 재료 중에서 어느 것이 더 먼저된 것인지는 확정할 수 없다. 그리고 성서에는 첫째, 둘째…열째라는 차례가 없다. 이것은 모세가 받은 석판에도 기록되어 있지 않은 것이다.

이렇게 우리에게 전해진 열 가지 계명은 내용도 다소 다르고 차례도 없는 것이나 그 후 면밀한 검토와 연구로 분명히 구분되고 그 하나하나에 차례가 붙여지게 되었다. 그러나 이 차례를 붙이는 데 있어서 교회의 의견이 일치되지 못하고 교회마다 서로 다르게 된 것은 유감스러운 일이다.

이제 여기에 대한 간단한 역사를 더듬어 보려고 한다. 먼저 유대교는 출애굽기 20장 2절을 첫째 계명으로 생각하고 20장 3-6절을 둘째 계명으로 생각하여 17절은 자연히 열째 계명으로 되었다. 그 반면에 동방 희랍교회와 루터교회를 제외한 모든 프로테스탄트 교회는 2절을 머리말로 생각하여 3절을 첫째 계명으로 4-6절을 둘째 계명으로 생각함으로 17절이 열째 계명으로 되었다. 요세퍼스(Flavius Josephus)와 필로(Philo of Alexandria)도 그렇게 생각하였다. 그러나 로마 가톨릭 교회와 루터교회는 3-6절을 한 계명으로 생각한다. 여기에서 그들은 우상 만드는 것을 둘째 계명으로 생각지 아니하고 첫째 계명에 대한 설명과 부연으로 생각하기 때문이다. 그리고 17절을 둘로 나누는 것은 이웃의 아내라는 사람에게 대한 탐욕과 재산에 대한 탐욕을 구별하려는 것이다. 신명기 5장 21절에서 구분하는 것과 같다. 마지막으로 사마리아 사람들은 출애굽기 20장 18절 다음에 신명기 27장 2-7절과 11장 30절을 보충하여 십계명을 만들기도 했으나 전혀 근거 없는 일이었다.

  이상에서 말한 바와 같이 우리나라에서도 루터교회를 제외한 개신교(장로교, 감리교, 성결교, 구세군 등) 측에서는 그들의 전통적인 십계명을 사용하며, 가톨릭 교회나 루터교에서는 그와 다른 순서의 십계명을 사용하고 있다. 그러나 이것은 한 교파가 자기 교파만을 참된 기독교라는 독단적으로 주장하기 어려운 것처럼 자기 교회가 구분하여 사용하는 십계명만이 바른 것이라고 할 수 없는 것이다. 물론 거기에는 이론들이 많을 것이다. 그러나 한 교회는 그 교회의 정당한 이유 아래에서 자기가 구분한 십계명을 사용할 것이다. 어느 것이나 하나님의 말씀인 성서를 외람되이 변경시킨다든지 하나님의 말씀을 잘못 해석하는 것은 아니다. 하나님의 계명은 우리로 하여금 하나님 앞에서 바른 길을 가게 하는 유일의 지침이다.

6. "음부에 내리신지"
(사도 신조 가운데 기록되어 있는 부분)

    이 말은 사도 신조와 아다나시안 신조 가운데 들어있는 것으로 그리스도가 죽으신 후 음부에 내려가 계시다가 삼 일 만에 무덤을 헤치고 나오셨다는 것이다. 이것은 주로 베드로전서 3장 18절 이하의 말씀에 근거하여 된 것이나 가장 논란이 많은 문제 중의 하나이다. 우리 주 예수 그리스도가 어느때 어떤 모양으로 음부에 내려가셨는가? 그가 죽으시기 이전인가? 혹은 이후인가? 이것이 영만으로인가? 혹은 신성만으로인가? 혹은 육체와 영으로이며 영적으로나 육적으로인가? 그리고 이것은 그리스도의 고난에 속하는가? 혹은 그의 영광의 승리와 정복에 속하는가? 이러한 문제들이 여기에 직접 관계된 것들이다. 이제 이 조항이 우리의 사도 신조 가운데 들어오게 된 유래와 여기에 대한 비판의 목적과 의의를 개관함으로 이 문제를 밝히려고 한다.
    이 조항은 주후 395년과 360년에 처음으로 그리스도의 신인동질설을 주장하는 사람들에 의하여 신조로 기록되었다. 그리고 그 후에 다른 신조에도 들어오게 된 것이다(Schaff-Herzog Encycl. III, p. 410).

먼저 신약성서에 의하면 예수님의 영혼은 다른 사람들의 영혼과 마찬가지로 잠시 음부에 계셨던 것을 말한다. 그리스도는 부활하심으로 곧 거기에서 나오신다(행 2:27, 31). 바울도 그리스도가 실제로 음부에 계셨던 것을 암시한다(롬 10:7). 그리고 누가복음 23장 43절에 의하면 그리스도는 같이 십자가에 달린 강도에게 낙원에 있으리라고 말씀하셨는데 이 낙원도 당시 유대인들의 용법대로는 이것을 말하는 것이다. 이와 같이 성서에 의하면 직접 그리스도가 음부에 내려가셨다는 기록은 없으나 죽으신 후에 자연히 그렇게 하신 것으로 생각할 수 있다. 특히 베드로전서 3장 18절 이하는 이것을 명시해 주는 것으로 볼 수 있다.

그러나 그리스도가 실제로 음부에 내려가셨느냐에 대해서는 논란이 많다. 첫째로 어거스틴, 토마스 아퀴나스, 베자(Beza) 및 많은 개신교 신학자들은 이것이 그의 성육 이전의 설교였다고 생각한다. 둘째로 스피타(Spitta)와 같은 사람은 성육 이전의 메시아가 노아 홍수 이전에 타락한 천사들에게 설교한 것이라고 하였다(창 6:1 이하; 에녹 6:18 참고). 셋째로 바우어(F. C. Bauer)는 그리스도가 죽음에서 부활하신 후 타락한 천사들에게 정죄를 선언하신 것이라고 했다(Schaff-Herzog Encycl. III, p. 411). 넷째로 해몬드(Hamond)와 라이톤(Leighton)과 같은 사람들은 베드로전서 3장 19절을 근거로 하여 좀 달리 그리스도가 죽으신 이후이기는 하나 음부에 내려가신 것이 아니고 그리스도의 말을 듣지 않은 사람들이 실제로 갇혀 있는 지상의 감옥에서 전도하셨다고 주장하였다(Ellicott's Comm. VIII, p. 420 이하). 이상의 주장은 그리스도가 죽으신 후 실제로 음부에 내려가신 것을 부인하는 것이며, 또한 영적으로만 그의 성육 이전이나 죽으신 이후에 전도 혹은 정죄의 선고를 하셨다는 것이다.

그러나 고대 교부들과 칼빈, 루터, 벵겔 및 대부분의 근대 신학자들은 그리스도가 죽으신 후 실제로 음부에 내려가셔서 복음과 승리를 전파하셨다고 생각하였다(Ellicott's Comm. VIII, p. 421). 물론 이들 중에서도 누구에게 어떤 것을 전했느냐에 대해서는 이론이 많다. 오리겐과 벵겔같은 사람들은 음부에서의 그리스도의 설교가 믿지 않고 죽은 노아 시대의 사람들에게 대한 속죄의 설교였다고 하였다. 이와 같은 많은 신학자들은 이것이 그리스도 편에서의 구원의 설교였다고 생각한 것이다. 그러나 고대 교회는 그리스도에 의하여 이루어진 구원이 구약 시대의 예언자들과 경건한 사람에게 도움이 되었다고 믿었다. 그것은 예수님이 신성을 가지시고 음부에 나타나심으로 이제까지 마음대로 중간 지대를 다스리던 사탄이 그 지배권을 빼앗겼기 때문이다(Schaff-Herzog. III, p. 411). 그리고 중세기 학자들은 이 구원이 불신자들에게가 아니라 믿는 자들에게만 관계된다고 하였다. 그와 반면에 루터나 루터교 신학자들은 그리스도가 저주받은 자들의 음부에 내려가셨다고 하였다.

그리고 그리스도가 음부에 내려가신 일에 대해서도 의견이 다르다. 칼빈은 이것이 그리스도의 인간적인 영혼의 말할 수 없는 고난이었고 그의 생의 마지막 굴욕이었다고 생각하였다. 그러나 루터는 이것이 악마를 정복하신 그리스도의 승리의 선포였다고 하였다. 그리고 칼빈은 그리스도가 죽으신 후 바로 음부에 내려가셨다고 하였으나 루터는 그리스도가 살아나신 직후에 내려가셨다고 하였다(Luth, Cyclo. p. 297).

한편 합리주의자들은 그리스도가 음부에 내려가셨다는 것을 과도적인 유대교 사상으로 생각하며, 벳테(De Wette)와 같은 교의학자는 영원히 신비에 싸인 기독교 사상이라고 하나(Schaff-Herzog. III, p. 411) 이것은 전혀 무근거한 주장이었다.

이상과 같이 복잡하고 논란이 많은 문제를 간단히 취급하기는 어려운 일일 것이다. 그러나 우리는 무엇보다도 성서에 의거하여 실질적인 설명으로 이 문제에 대한 우리의 신앙을 굳게 해야 할 것이다.

그리스도가 죽으신 후 음부에 내려가셨다는 것은 성서와 교회 전통이 증거해 주는 사실이다. 음부(감옥)는 상실된 영혼의 거처, 악한 천사들의 처소, 죽은 자들의 처소, 혹은 악한 자들의 처소 등이다(Luth. Cyclo. P. 297) 악마와 죽음의 영역에 속하는 것이나 예수 그리스도는 그곳까지 내려가신 것이다. 그러나 예수님은 십자가에서 죽으신 직후에 음부에 내려가시지는 않으셨다. 그것은 예수님이 죽으신 직후에 그의 영혼은 낙원에 가셨기 때문이다(눅 23:43). 따라서 예수님이 음부에 내려가신 것은 그가 부활하신 날 새벽에 부활하신 몸으로 무덤에서 나오시기 직전이었다(Luth. Cyclo. p. 297; Schaff-Herzog. III, p. 411). 그는 십자가에 못박혀 죽으신 후 음부에 내려가실 때까지 낙원에 계셨다.

그리고 그리스도는 그의 영이나 몸의 일부만이 아니고 전체가 음부에 내려가셨다. 곧 하나님과 사람이시며 영과 육이신 그 전체가 실제로 내려가신 것이다(Schaff-Herzog. III, p. 411 이하). 루터교에서는 특히 루터가 1533년에 톨가우(Torgau)에서 행한 설교에 의거하는 바가 많다. 이와 같이 음부에 내려가신 그리스도는 거기에서 죽은 자들에게 복음을 전하신 것이 아니고 모든 믿는 자들을 위하여 음부를 파멸하심으로 악마에게서 그의 권능을 찾으셨으며 죽음과 악마의 권세와 영원한 저주와 음부의 구렁에서 믿는 자들을 구출하셨다(Book of Concord,. 228, 283). 그러나 그리스도 이전의 족장들이나 경건한 사람들이 이 때에 구출 받은 것은 아니다. 그것은 음부가 악한 자들과 악마의 거처이기 때문이다. 예수님은 음부에서 사탄의 권세를 이기시고 그의 승리를 선포하셨다(골 2:15; 엡 6:12 참고). 그러므로 이것은 개혁교 신자들이 생각하는 바와 같이 그리스도의 마지막 고난이나 치욕이 아니고 그리스도의 승리와 영광에 속한다. 따라서 그리스도는 산 자와 죽은 자, 선한 자와 악한 자, 믿는 자와 믿지 않는 자, 생명과 죽음 및 과거와 현재와 미래의 주가 되신 것이다. 이 주님은 믿는 자에게는 구원과 기쁨의 주가 되시고 믿지 않는 자에게는 저주와 두려움의 주가 되신다.

  이상에서 우리는 그리스도가 음부에 내려가셨다는 사실과 거기에서 사탄의 권세를 이기시고 그의 승리를 선포하신 사실은 확고부동한 것으로 알 수 있다. 그러나 루터는 이것이 어떻게 그와 같이 되는가 하는 호기심에서 캐물어서는 안된다고 거듭거듭 강조하였다 (그의 톨가우 설교, Book of Concord, p. 228, 283). 우리가 오감이나 이성으로써는 파악할 수 없기 때문에 무용하고 불필요한 물음은 버려야 한다고 하였다. 그리고 이 사실은 믿음으로 밖에 이해할 수 없다고 루터는 강조하였다. 모든 경건한 크리스찬들은 이것을 다만 믿음으로 이해해야 한다는 것이다(Book of Concord, p. 228, 283). 이것은 우리가 오는 세상에 임할 때까지는 다 알아 버릴 수 없는 문제이다. 오는 세상에서야 비로소 이 모든 일이 분명히 알려질 것이다. 우리는 맹목적인 이성으로보다 믿음으로 이러한 그리스도를 믿어야 한다. 그리스도는 죽음과 사탄을 이기시고 모든 것의 주가 되셨다.

7. 말틴 루터의 서문

(우리 주 예수 그리스도의 은총과 자비와 평화가 성실하고 경건한 모든 목사들과 전도자들에게 같이 하기를!)

1529년 말틴 루터

근간에 내가 여러 곳에 있는 교회를 순회하고 신자들의 비참한 종교 생활 상태를 목격한 나머지 극히 쉬운 문장과 적은 책자로써 준비된 본 교리문답서를 내놓아 기독교 교리를 설명하도록 한 것이다. 아! 불쌍하다. 내가 직접 본 비참한 상태를 슬프다 아니할 수 없다. 특히 시골에 사는 일반 민중들은 기독교 교리에 대한 지식이 전혀 없고 대부분의 전도자들은 가르치기에 부적당하고 무자격하다. 저들은 스스로 크리스찬이라고 말하며 세례를 받았다고 하며 주의 성찬에 참여할 것을 주장하나 주기도문, 사도신조, 십계명조차도 알지 못한다. 저들은 짐승들과 같은 생활을 하며 복음이 전하여 진 오늘날에 있어서 아직도 크리스찬의 자유를 남용하고 있다.

감독들이여, 그와 같이도 무책임하게 백성들을 등한히 하고 그대들 자신의 직무에 전연 무관심한 데 대하여 그리스도 앞에서 어떻게 대답할 것인가? 나는 그대들 위에 화가 임할 것을 비는 바가 아니다. 그러나 사실대로 말하여 그대들은 다른 사람들에게는 성찬을 정지시키며 인간의 법령을 엄수할 것을 강요하면서도 그대들 자신은 사람들에 대해 전혀 무관심하여 오늘날 저들로 하여금 주기도문, 사도 신조, 십계명 및 기타 하나님의 말씀을 알지 못하게 만들지 않았는가! 그대들에게 화가 미치리라!

그러므로 친애하는 내 형제 목사들과 전도자들이여, 나는 그대들 자신이 맡은 직무에 성실하게 종사하여 그대들에게 맡겨 진 사람들을 불쌍히 여기며 본 교리문답서를 저들에게, 특히 젊은이들에게 널리 가르치고 전하는데 힘써 주기를 주 하나님의 이름으로 요청하는 바이다. 만일 그대들이 이와 같이 가르치기에 필요한 자격이 없다면 다음 사항을 순서에 따라 문자 그대로 수행하도록 하라.

1. 전도자는 십계명, 주기도문, 사도신조, 성례 등의 본문을 변경하지 말도록 극히 주의할 것이다. 도리어 전도자는 한 가지 방법을 채택하여 항상 이 방법에 준하도록 하라. 그 이유는 연소자나 경험이 없는 자에게 있어서 시종여일하게 같은 본문과 설명하는 어구를 사용하지 않으면 가르치기 어렵게 되기 때문이다. 만일 가르치는 목사가 비록 향상을 위해서라고는 하나 어떤 때에는 이런 말을 쓰고, 또 다른 때에는 저런 말을 쓰고 하면 배우는 그들이 쉽게 혼돈할 것이 아닌가? 이와 같은 혼란으로 말미암아 이미 소비한 시간과 노력이 결국 수포로 돌아가게 될 것이다. 이와 같은 점을 우리 선배와 선조들은 잘 이해하여 십계명, 사도신조, 주기도문을 가르칠 때에 늘 동일한 언어를 사용하였다. 우리들이 가르칠 때에도 이같은 방법에 따를 것이며 특히 젊은 남녀, 혹은 교육을 받지 못한 자를 가르칠 때에는 더욱 명심하여 한 마디, 한 구절이라도 변경하지 않도록 하기

바란다. 또는 해마다 청중 앞에서 배운 것을 암송할 때에도(소년, 소녀들) 어떤 변경이든지 하지 않도록 하라.

그러므로 우선 그대들이 가장 적절하다고 생각되는 용어를 찾아서 언제나 그 용어만을 사용하도록 힘쓰라. 물론 교양있고 학식이 깊은 사람들을 가르칠 때에는 넉넉히 그대들의 지식과 경험을 활용하여 가진 최선의 방법을 써서 문제를 제출하며 논의할 수 있을 것이다. 이것은 그대들의 자유이다. 그러나 연소한 자들을 가르칠 때에는 동일한 용어와 같은 방법을 사용함이 옳으며 우선 십계명, 사도신조, 주기도문 등을 언제나 동일한 성구와 언어를 사용하여 배우는 그들로 하여금 그대들과 같이 암송하여 기억하도록 하라.

그러나 만일 그대들의 가르침을 받기 싫어하는 자가 있으면 이들은 그리스도를 부인하는 자들이며 불신자들인 것을 알려 주어야 한다. 이와 같이 그대들의 가르침을 멀리하는 자들이 성찬 예식에 참례하거나 유아세례에 있어서 보호자로 서는 일이든지 또는 그밖에 기독 신자가 가진 어떤 특권에 참여하는 것을 허락하면 안된다. 저들은 로마 법황과 그 대리인 또는 한 걸음 더 나아가 마귀에게로 보낼 것이다. 뿐만 아니라 이와 같은 자들의 부모들이나 고용주들은 그들에게 음식물까지도 주어서는 안된다. 또한 국가 정부는 이같이 미개한 자들을 국외로 추방할 것이라는 것을 항상 경고하라.

우리들은 다른 사람들에게 신앙을 강권할 수도 없고 강권할 것도 아니지만 우리들과 같은 사회 생활을 하며 생계를 유지하는 사람들에게 그들이 반드시 선악을 식별할 수 있도록 최선을 다하여 부지런히 가르치지 않으면 안된다. 만일 도시에 살기를 원하며 그곳 법률의 혜택을 받고자 하는 자는 그들 자신이 즐겨하든 말든 간에 그 법률을 잘 알아야 하며 잘 지켜야 한다.

2. 배우는 사람들이 우선 본문의 말을 다 습득한 후에는 그 학과의 근본 뜻을 잘 인식하도록 하기 위하여 매어구의 뜻을 확실히 이해하도록 가르치라. 혹은 그대들에게 다른 어떤 간단하고 통일된 방법이 있으면 사용하여도 좋겠다. 그러나 본문의 어구나 그 가운데 쓰여진 표현 방법같은 것은 항상 똑같이 사용하며 한 마디라도 변경하여서는 안된다. 또는 학과를 배움에 있어서 충분한 시간을 허락하는 것도 필요할 것이다. 여러 장을 처음부터 마지막까지 한 번에 마칠 필요가 없고 매장 각별히 순서에 따라 가르치면 더 큰 효과를 얻을 수 있을 것이 아닐까 한다. 한 예로 십계명을 든다면 우선 첫째 계명을 잘 이해한 다음 둘째, 셋째, 넷째 등으로 계속하여 진전하도록 하는 것이 좋을 줄로 안다. 이와 같이 조리있는 방법에 의하지 않는다면 배우는 자에게 어려운 느낌을 주게되며 배우는 것의 대부분을 이해할 수도 없고 기억하기도 어렵게 만들 것이다.

3. 소교리문답서를 가르친 다음에는 대교리문답서에 따라 더 정밀하고 광범한 지식을 사람들에게 주도록 하라. 매 계명과 기원과 기타 여러 부분을 상세히 설명하여 그 가운데 명한 의무를 가르치며 또는 그 의무를 수행함으로 오는 이득과 축복이라든지 혹은 그 의무를 태만히 여김으로 따르는 위험과 손실같은 것들도 가르치라. 사람들이 제일 쉽게 오해하며 등한히 여기는 계명이나 기타 부분들은 각별히 유의하여 강조할 것이다. 예를 들면 노동자나 상인, 농부, 타인의 고용인들을 가르칠 때에는 남의 것을 훔치는데 관한 것을 취급하는 일곱째 계명에 주력하라. 그 이유는 저들이 훔치는 일이나 부정직한 과오를 범할 기회를 누구보다도 쉽게 그리고 때때로 가질 수 있기 때문이다. 이와 비슷한 예로 아동들과 무식한 성인들을 가르칠 때에는 특히 넷째 계명을 강조하여 하나님께서 그 계명 가운

데 말씀하신 죄를 범한 자를 벌하시며 순종하는 자들은 축복하신다는 실례들을 성서 가운데서 많이 인용하여 저들로 하여금 질서를 유지하며 성실할 것과 복종할 것과 온순할 것을 장려하도록 만드는 것은 그대들이 맡은 의무이다.

특히 그대들은 다스리는 자와 부모들을 잘 깨우치고 권고하여 지혜롭게 통치하고 선하게 자녀들을 교육하도록 하며 이와 같이 하는 것은 저들에게 부과된 의무라는 것을 설득시키는 한편 그 의무를 태만히 여기는 것은 얼마만큼 중대한 죄인가를 표시할 것이다. 만일 저들이 이같은 태만의 죄를 범한다면 그는 하나님의 나라와 국가를 정복하여 황폐하게 만드는 것이 되며 하나님과 사람 앞에 지대한 적대 행위를 취하는 자가 된다는 것을 알려 주어라.

자녀들로 하여금 목사나 전도자나 저술가가 되도록 양육할 것을 거부하는 이들은 큰 죄를 범하는 것임을 명심하고 이로 인하여 그들에게 무서운 형벌이 주어질 것을 말하여 둠이 옳을 것이다. 이런 것을 설교하는 것은 극히 필요하다. 부모나 집권자들이 이 점에 있어서 죄를 범하게 되기 쉬운 것이다. 한편 마귀는 간교하게 꾀어 이와 같은 죄와 악을 육성하게 한다.

오늘날 사람들은 로마 법황의 압제에서 벗어났다 하여 성찬 참례를 거부하며 또는 성찬을 등한시함을 엿볼 수가 있다. 이 점에 있어서 목사와 전도자인 그대들은 바르게 지도해야 될 것이다. 이와 동시에 그대들은 이하의 원리에 따르기를 바란다. 즉 우리는 누구에게든지 신앙을 강요하거나 또는 강제로 성찬을 받게 해서는 안된다. 또는 신앙문제나 성찬 참례 문제를 위하여 어떤 고정된 법을 설정하거나 일정한 때와 장소를 제정할 것도 아니다. 규칙으로가 아니라 도리어 사람들이 목사인 우리들에게 성찬을 베풀어 달라고 원하도록 하여야 할 것이며 한 걸음 더 나아가 저들이 목회자들에게 성찬을 베풀어 달라고 강요하여 올 정도까지 그들을 설복 감동시켜야 할 것이다. 이같은 목적 달성을 위하여 다음과 같이 말할 수 있다. 즉 "일 년에 최소한 3, 4회 정도도 주의 성찬에 참례할 것을 원치 않는 사람은 주님의 거룩한 성찬을 멸시하는 자이며 기독교 신자가 아닐 것이요, 또한 복음을 믿지 않거나 이에 복종치 않는 자도 마찬가지로 크리스챤이 아니다." 어쨌든 주 예수 그리스도께서는 "이를 약하라"든지 "멀리하라"든지 하시지 않으시고 도리어 "마실 때마다 이를 행하라" 하셨으며 우리들로 하여금 이같은 명하심을 지키라 하셨고 태만하거나 등한히 하는 것을 금하신 것이다.

성례(성찬)를 존중치 않는 자의 견해에는 죄와 악, 인간성, 악마, 속죄, 사망, 위험, 지옥 등이 전혀 존재치 않는 것같이 보인다. 그 자신 죄악 가운데 빠져 악마에게 속한 바 되었음에도 불구하고 이같이 악의 존재를 믿으려고 하지 않는다. 이들은 하나님의 은총, 생명, 천국, 그리스도, 하나님, 기타 여러 선한 것을 조금도 구하지 않는 자들이다. 만일 그들이 이상에 말한 것같이 악에 사로잡혀 있다고 하여도 이와 같은 축복을 받을 수 있다는 것을 자각하였다면 모든 죄악으로부터 우리들을 지키고 복을 베푸는 성찬에 참례하지 않을 수 있었을 것인가!

율법의 힘으로 이와 같이 완고한 자를 강권하여 성찬에 참례하게 할 필요는 없고 도리어 저들이 그대들 앞에 와서 성찬을 베풀어 주기를 청하도록 할 것이다.

그러므로 여러 점에 있어서 로마 법황과 같이 어떤 강제적인 법률을 설정해서는 안된다. 그대들이 목표로 할 바는 단지 성례에 관한 여러 가지 이득과 손실, 결핍과 은혜, 위험과 축복 등을 명백히 표시하라. 그렇게 하면 무리로 강요하지 않는다 할지라도 사람들이 의심치 않고 성례를 구하게 될 것이 아닌가! 그래도 아직 거부하는 자가 있다면 그들이 하는 대로 방임하여 두며 그들로 하여금 자신의 영적 결핍 상태를 돌아보지 않고 자비로우신 하나님의 도움을 구하지 않는 자는 사탄에 속한 자인 것을 고하여 줌이 좋겠다. 그러나 만일 그대들이 이와 같이 엄숙한 훈계를 줄 것을 게을리 하거나 혹은 법률을 설정하여 강제적 방편을 씀으로 사람들로 하여금 성령을 회피하고 멸시하는데 이른다면 이는 당연히 지도의 임무를 맡은 그대들의 책임인 것이다.

그대들 자신이 침묵을 지키고 극히 소극적인 태도로 나간다면 일반 사람들이 게으르게 되는 것이야 당연한 일이 아니고 무엇이겠는가! 목사와 전도자가 된 그대들은 이런 점을 깊이 고려하여 주기 바란다. 우리들의 직무는 법황제도 아래 사로잡혀 있을 때보다 훨씬 다른 성질을 가졌으며 극히 중대한 의의를 가지고 있고 그의 감화력은 더욱 큰 효과를 가졌을 것이다. 그러므로 우리들의 책임은 더욱 중하며 우리들의 노력, 우리들이 받는 위험과 위협은 한층 더할 것이다. 그러나 이 세상에서 우리가 받을 보수는 극히 적은 것을 명심해야 하겠다. 우리들이 범사에 있어서 충실하게 일한다면 그리스도께서 우리들의 보수가 되신다.

모든 사람에게 은총의 아버지이신 하나님, 원하옵건데 이러한 은혜를 우리들에게 베풀어 주옵소서. 우리 주 예수 그리스도로 말미암아 감사와 찬송이 영원토록 당신께 있으시기를! 아멘.

역자 지원용 (1924~2013)
한국신학대학 졸업
캘리포니아 산호세 주립대학(B.A.)
발프레조 대학 연구
워싱턴대학교 교육대학원 연구
컨콜디아 신학교(M.Div)
동 대학원(S.T.M.), (D. Th)
독일 하이델베르그 대학교 수학
미국 컨콜디아 신학교 교수 역임

말틴루터의 소교리문답서 해설

초 판 1 쇄 / 1960년 4월 30일
개정판 1 쇄 / 1981년 5월 20일
개정판 4 쇄 / 2016년 3월 10일

지 은 이 / 말틴 루터
옮 긴 이 / 지 원 용

발 행 인 / 김 철 환
편 집 인 / 최 태 훈

발 행 소 / 도서출판 컨콜디아사
　　　　　(기독교한국루터회 총회 출판국)
　　　　　서울시 용산구 소월로2길 21-11 루터교센터
　　　　　(전화) 3789-7452, 7453 (팩스) 3789-7457
　　　　　등록 / 1959년 8월 11일(제3-45호)

책   값   8,500원

ISBN 978-89-391-0086-2　03230